U0083060

基督教文化研究丛书

主编 何光沪 高师宁

二编 第 **1** 册

灵魂与自然
——托马斯·阿奎那自然法思想新探

方 耀 著

花木兰文化出版社

国家图书馆出版品预行编目资料

灵魂与自然——托马斯·阿奎那自然法思想新探／方耀 著 --
初版 -- 新北市：花木兰文化出版社，2016〔民105〕
目 2+168 面；19×26 公分
（基督教文化研究丛书 二编 第 1 册）
ISBN 978-986-404-510-5（精装）
1. 托马斯（Thomas, Aquinas, Saint, 1225-1274） 2. 学术思想
3. 自然神学
240.8   105001922

ISBN-978-986-404-510-5

9 789864 045105

基督教文化研究丛书
二编 第一册   ISBN：978-986-404-510-5

灵魂与自然
——托马斯·阿奎那自然法思想新探

作　　者　方 耀
主　　编　何光沪 高师宁
执行主编　张 欣
企　　划　北京师范大学基督教文艺研究中心
总 编 辑　杜洁祥
副总编辑　杨嘉乐
编　　辑　许郁翎
出　　版　花木兰文化出版社
社　　长　高小娟
联络地址　台湾 235 新北市中和区中安街七二号十三楼
　　　　　电话：02-2923-1455／传真：02-2923-1452
网　　址　http://www.huamulan.tw 信箱 hml810518@gmail.com
印　　刷　普罗文化出版广告事业
初　　版　2016 年 3 月
全书字数　162038 字
定　　价　二编 11 册（精装）台币 20,000 元
　　　　　　　　　　　　　　　　　　　　　　　版权所有 请勿翻印

灵魂与自然
——托马斯·阿奎那自然法思想新探

方　耀　著

作者简介

方耀，男，1980 年 8 月生于安徽安庆，2002 年获法学学士学位（武汉大学法学院），2005 年获法学硕士学位（复旦大学法学院），2010 年获哲学博士学位（复旦大学哲学学院），曾赴罗马宗座慈幼会大学（Università Pontificia Salesiana）进修拉丁语及中世纪哲学一年，现执教于温州医科大学，从事生命伦理学教学与研究工作。

提　　要

　　作者通过逐条解读《神学大全》中关于法律的论述，试图进入托马斯·阿奎那的语境，对其自然法思想进行如其本来的阐释，从研究方法上提出阿奎那的法律思想只能在其对具体问题的辨析中才能得到恰切的理解。

　　本文依据《神学大全》的具体文本证明阿奎那的自然法三原则效力高低有别，而效力高低之别源于自然法三条原则与灵魂的三种功能之间的对应关系。在阿奎那的神学体系中，关于灵魂的观点和关于人的自然（本性）的观点有同源共通之处。这种对应关系同样见于古希腊柏拉图和亚里士多德的伦理及政治学说之中。在这个意义上，存在于阿奎那自然法思想中的这种对应关系对我们批判地思考近代的自然法学说提供了新的视角。

　　澄清对阿奎那的一些传统误解亦是本文的目标之一，作者批评了《阿奎那政治著作选》对阿奎那法律思想的肢解及对读者的误导，指出传统上总结的阿奎那关于人法的定义其实是对法律的一般定义，通过与《神学大全》意大利文版和拉丁文版的比对，纠正了英国多米尼克修会神父版《神学大全》中的一些漏译和错误。

目次

引　言

　　托马斯·阿奎那（Thomas Aquinas）是著名的天主教神学家，也是欧洲哲学史上著名的哲学家，被看成是中世纪经院哲学的巅峰。他和奥古斯丁一样，被罗马教廷推崇为全世界教会学习的"圣师"，托马斯的称号很多，有"哲学导师"、"经院哲学之王"、"大众博士"和"天使博士"等。[1]

　　基督教会在传播其思想时，有其相应的理论结构和体系，除了神学信条之外，还有极为独特的哲学，即"基督教哲学"（Philosophia Christiana）。傅乐安先生指出："所谓基督教哲学，就是以上帝为核心、信仰为前提、《圣经》为依据，为基督教神学作论证的理论体系。"

　　在基督教两千多年的历史中，为了适应时代的需要，基督教哲学发生过多次变化，存在过多种形态，一般来说可以概括为三种：第一是公元 2 世纪至 5 世纪的"教父哲学"（Philosophia patristica），主要是以新柏拉图主义为理论依据为基督教教义作论证。奥古斯丁是其集大成者。第二是 9 世纪至 15 世纪末的"经院哲学"（Scholastica），我国台湾地区出版的书籍上称为"士林哲学"。托马斯·阿奎那是其代表人物。第三是 19 世纪末出现的"新经院哲学"（Neo-Scholastica），即"新托马斯主义"。在这三种形态中，托马斯·阿奎那的影响最为持久，从中世纪到如今，一直为罗马教廷确立为基督教哲学的正统。19 世纪末 20 世纪初，教宗利奥十三世颁布《永恒之父》通谕，宣布要"按照托马斯的思想重建基督教哲学"。[2] 直至今日，罗马的天主教教会大学中仍使用《神学大全》作为哲学系本科生的教材。

1　傅乐安.托马斯·阿奎那基督教哲学[M]上海：上海人民出版社，1990：3（绪论）。
2　同上，5（绪论）。

　　基督教哲学，就其实质而言，是利用哲学为基督教教义所作的辩护论述。对于教会来说，传播福音是最高使命，采取什么哲学来阐释福音只是方式方法问题，梵蒂冈第二届大公会议文件指出应"设法以各民族的哲学智慧去解释福音，目的是尽可能地符合人民的理解力和适应哲学家的需要"[3]，他们以奥古斯丁和托马斯为例，指出前者改造和利用新柏拉图主义，后者则采纳和升华亚里士多德学说，适应了当时的需要，巩固了神学思想，捍卫了宗教信仰。在不放弃上帝这一最高前提之下，基督教哲学与时俱进，不断修正过时的陈旧论证，援引时兴的学说和理论，不断更新和充实自己的原有体系。可以说基督教哲学的历史实质上是源于东方（中东）的一种信仰在向欧洲传播过程中不断本地化和与时俱进的历史。

　　托马斯·阿奎那的贡献在于他大胆地采纳亚里士多德学说，代替了陈旧的遭批判的奥古斯丁主义，为基督教信仰进行了有效的辩护，从而被教廷确立为官方学说。托马斯主义的地位离不开罗马教廷的大力支持，若无教廷的大力推动，托马斯主义在当今世界不可能具有这样的影响力。托马斯主义的特点就在于它的调和，这也见于他的自然法思想之中。

　　托马斯·阿奎那在西方思想史上的重要性，令西方学术界非常重视对托马斯·阿奎那自然法理论的研究，不仅每年有大量的论文和专著问世，还形成了以复兴托马斯主义为己任的新托马斯主义法学和新自然法学派，前者如著名的法国新托马斯主义者马里旦，后者包括英国著名的法理学家菲尼斯等。他们继承并发展了托马斯·阿奎那的自然法思想，在西方伦理学、法学和政治学界有很大的影响。

　　正如当代研究托马斯·阿奎那的学者所指出的，"如实地理解和诠释经院哲学不仅对于如实地理解和诠释中世纪哲学本身是必要的，而且对于如实地理解和诠释古希腊罗马哲学以及如实地理解和诠释近现代西方哲学也同样是必要的。"[4]与之相应，研究托马斯·阿奎那的自然法思想，不仅有利于我们如实地理解和诠释托马斯·阿奎那的法律思想（这在大陆学界仍是未完成的任务），而且对于如实地理解和诠释古希腊罗马哲学尤其是亚里士多德哲学是非

3　梵二会议《论教会在现代世界牧职宪章》罗马 1965 年，转引自傅乐安.托马斯·阿奎那基督教哲学[M]上海：上海人民出版社，1990：235。

4　段德智先生语，见刘素民.托马斯·阿奎那自然法思想研究[M]，北京：人民出版社，2007：19。

常必要的（阿奎那是亚里士多德的众多诠释者中非常重要的一位），对于我们理解和批判近现代西方自然法思想也有着不可替代的价值——新托马斯主义者马里旦说，古典自然法是对自然法的歪曲，他所谓的歪曲，是站在托马斯·阿奎那的立场上说的，要理解古典自然法如何"歪曲"了自然法，就必须弄清楚托马斯·阿奎那自然法思想的本来面目。

相较西方而言，中国学界对于托马斯·阿奎那的研究要落后得多。相对大陆而言，台湾地区在阿奎那研究上有一定的优势，在 2006 年罗马慈幼会大学召开的关于托马斯·阿奎那各国研究综述的会议上，麦克雷博士（Michele Ferrero）用很大的篇幅介绍了吕穆迪神父的贡献，他翻译了《反异教徒大全》（台译《驳异大全》）一到四卷，分别以《论天主》、《论真原》、《论万物》、《论万事》、《论奥理》为题出版（《论天主》由香港公教真理学会和台中光启出版社出版，其余由台湾商务印书馆出版），他的专著《宇宙间的灵智实体问题》亦由台湾商务印书馆出版，此外还有多篇关于托马斯·阿奎那的论文发表于台湾、香港、新加坡和美国的学术刊物。[5]辅仁大学作为土林哲学的研究重镇，不仅拥有一批研究托马斯主义的学者，与武汉大学中世纪思想研究中心也有紧密的联系与交流。

关于阿奎那的研究，大陆地区起步较晚。关于托马斯·阿奎那自然法思想的专著，则寥若晨星。长期以来，关于阿奎那的著作要么是教科书式的介绍，要么是人物传记。后者如 1987 年中国社会科学出版社出版的安东尼·肯尼的《阿奎那》（黄勇译）、2001 年安徽人民出版社出版的《经院哲学的集大成者——阿奎那》（江作舟、靳凤山著）和 2002 年中华书局出版的《阿奎那》（刘中民译）等。其中，1997 年河北人民出版社出版《托马斯·阿奎那传》是由中国社会科学院的傅乐安先生撰写的，傅先生对托马斯·阿奎那的研究在大陆学界有开山之功，他对托马斯·阿奎那哲学体系的整体性把握和深入研究是难以企及的，其研究成果是后来研究者不可或缺的参考文献。

早在 1990 年出版的《托马斯·阿奎那基督教哲学》中，傅乐安先生就对阿奎那的自然法思想作了简要深入的介绍。近年来，唐逸先生和赵敦华先生在撰写中世纪思想史的专著中对阿奎那的自然法都给予了相当篇幅，要言不烦，颇多洞见。但是以自然法为题的专著，仍为罕见。

---

5 8.Michele Ferrero.Nota bibliografica sugli scritti di e su San Tommaso in Cina[C] Università Pontificia Salesiana,Roma, 2006.

2002 年复旦大学哲学系的林庆华先生提交过以此为题的博士论文，这是目前所见的最早的关于阿奎那自然法思想的系统研究，2007 年人民出版社出版了刘素民博士的《托马斯·阿奎那自然法思想研究》，从思想史和形而上学角度对阿奎那的自然法思想进行了梳理和剖析，该书滥觞于作者在武汉大学所做的博士论文《烙在人性上的神之睿智：阿奎那自然法思想研究》，指导老师为段德智先生，该书对自然法作为永恒法与人法之桥梁的本性之律进行了精到的论述，从形而上学的角度对分有和类比在阿奎那法律思想体系中的作用进行了深入的阐释。值得一提的是，林庆华先生在论文后记中提及，该文的写作得益于在加拿大维真学院访学期间许志伟教授所给予的指导和帮助。刘素民博士也说她的论文的顺利完成离不开在台湾辅仁大学访学期间所获得的资料和指导。徐弢博士出版的《托马斯·阿奎那的灵魂学说探究》虽非以自然法为题，也与在维真学院的访学经历有密切关联。可以说，目前国内大陆地区托马斯·阿奎那研究受惠于两个方面的动力，一是愈来愈密切的国际交流，尤其是与有教会背景的学术机构的交流，二是武汉大学中世纪思想研究中心等研究重镇的建立。

法学界对阿奎那自然法思想的研究较为滞后，基本停留在简单介绍的水平。长期以来，我们在教科书中看到只是他关于永恒法、自然法、神法和人法的分类和自然法与人法关系的一些论断的摘录。单凭教科书中这些介绍，实在让人无法理解他何以能被罗马教廷封为"圣者"，被誉为"黎明前的破晓星，照亮了整个教会"，甚至宣称"托马斯著作中每一个章节都包含着无比的力量"。[6] 笔者发现，造成这种情况的原因在于法学界占有的材料的不足——对托马斯·阿奎那政治法律思想的研究长期依赖《托马斯·阿奎那政治著作选》中译本。政治学界的情况也是如此。[7] 笔者以为，《阿奎那政治著作选》本身的编排体例和它的中译本都存在一些问题，将于本文中专门阐述。

哲学界对托马斯·阿奎那的研究要好得多，然而由于托马斯·阿奎那最重要的著作《神学大全》迟迟没有一个中译本，大部分作者仍不得不依靠英译本进行研究。据刘素民博士在 2007 年出版的专著中透露，武汉大学近年来

---

6 傅乐安.托马斯·阿奎那基督教哲学[M]上海：上海人民出版社，1990：216。

7 如林国荣先生在"霍布斯与阿奎那：两种模式的对勘"中对阿奎那自然法思想的介绍就引用了登特列夫的书，更详细的论述则指向马清槐先生译的《阿奎那政治著作选》，见现代政治与自然[M].上海：上海三联书店，2003：21。

一直在组织《神学大全》的中译工作，据称全部译稿有望于 2008 年完成，[8] 遗憾的是，该书至今仍未面世。[9] 2008 年，我国台湾地区出版了《神学大全》中文版，据称在主编周克勤神父主持下，由台湾"神哲学界的精英，以拉丁文为主、多国语言（德、法、西、意、英）为辅"，参考多种版本翻译而成，可惜的是，周神父却在《神学大全》出版前一年辞世，"留下如同当年多玛斯（笔者注：台湾地区对 Thomas 的译名）未尽全功的遗憾。"[10] 令笔者遗憾的是，笔者所在学校和城市的图书馆至今尚未购进该书，使笔者不得不依赖英文版和意大利文版进行研究，从而意外发现了多米尼克英文版《神学大全》在翻译上的一些问题。

关于中国大陆地区对托马斯·阿奎那的自然法思想研究，刘素民博士总结了五点："第一，迄今为止还没有一部系统论证托马斯·阿奎那自然法思想的论著问世。与国外较为深入细致的研究相比，中国大陆的研究'显然还停滞在表述阶段'。第二，对托马斯·阿奎那自然法思想的有些评论欠客观，需正本清源，还其本来面目。第三，托马斯·阿奎那自然法思想与西方哲学、宗教的关联有待进一步廓清。第四，托马斯·阿奎那思想的内在联系有待进一步揭示。第五，托马斯·阿奎那自然法思想与中国传统文化思想的比较研究有待进一步加强，而这似乎是创造中国托马斯·阿奎那思想研究特色的途径之一。"[11]

作为出版了大陆第一部托马斯·阿奎那自然法思想研究专著的学者，刘素民博士的这些看法是非常深刻和犀利的，除了对第一点有所补充之外[12]，我对刘素民博士的这些观点，都是赞同的，它们也是我努力的方向。

本文的首要目标，就是正本清源，还阿奎那自然法思想以本来面目。陈康先生主张："研究前人思想时，一切皆以此人著作为根据，不以其与事理或有不符，加以曲解。……总之，人我不混，物我分清。一切皆取决于研究的

8 刘素民.托马斯·阿奎那自然法思想研究[M]北京：人民出版社，2007：16。
9 该中译本已于 2013 年出版，笔者的这篇博士论文完成于 2010 年 6 月，此次出版，对原文不作改动，特此说明。
10 http://summatheologiae.studium-piusx.org/02.html
11 刘素民.托马斯·阿奎那自然法思想研究[M]北京：人民出版社，2007：33。
12 如前所述，复旦大学哲学系的林庆华博士 2002 年曾提交过以"托马斯·阿奎那基督教自然法思想研究"为题的博士论文，在笔者看来，可以称作一部系统论证托马斯·阿奎那自然法思想的专著，可惜未能出版。

对象，不自作聪明，随意论断。"[13] 为此，笔者不揣浅陋，根据英文版（多米尼克修会版）逐条翻译了《神学大全》中有关自然法的章节，并对照拉丁文版和意大利文版进行了考订，发现英文版亦有脱漏和讹误之处。在精读原著的基础上，笔者区分了阿奎那的自然法思想和作为阿奎那的常识的那些思想。为了便于理解，我们不妨举中国哲学史上的例子，朱熹编过《四书章句集注》，但我们绝不能把孔孟的思想当作朱熹的思想。同样的，永恒法、自然法和人法的分类，以及人法源于永恒法、自然法这些基本的关系也不是托马斯·阿奎那的思想，而是托马斯·阿奎那与其论辩对手的共识，譬如人法源于永恒法，阿奎那是直接引用奥古斯丁的原文。阿奎那思想的特色在于其使用亚里士多德的概念和术语来解释和论证这些关系，正如孔孟的思想不是朱熹的思想，但是朱熹对于孔孟思想的阐发则是他的贡献。如果我们将那些简单的断语当作托马斯·阿奎那的思想，无异于说"学而时习之"是朱熹的思想。阿奎那之为阿奎那，不在于他重复了奥古斯丁说过的话，而在于他阐释这句话所采用的亚里士多德的哲学。从这个意义上说，阿奎那的思想，至少就《神学大全》而言，是"功夫即本体"。他的思想的特色全在他解答疑难的过程之中，而不在他所引用的只言片语。因此，将"法律源于捆绑"这样的语句归于阿奎那的名下是不恰当的。这也是我反对《阿奎那政治著作选》那种肢解和割裂阿奎那思想的做法的根本原因。当然，这并不意味着阿奎那的表述中完全没有具备其个人特色的见解，比如自然法的三条命令的内容就是他的特色。当然，他的独创也是对前人思想的综合。所以接下来的问题是，他的独创源自何处，即找出他的思想的底色，发现他的独创性见解与前人学说的内在关联。

其次，是进一步厘清阿奎那的自然法思想与西方宗教和哲学的关系以及自然法思想与阿奎那其它思想之间的关系。前者即上文所说的找出他的思想的渊源，后者则与刘素民博士所主张的揭示阿奎那思想的内在联系不谋而合。具体到本文而言，是试图解释阿奎那关于自然法的三条规则的源流，有学者说阿奎那的自然法思想中体现了西方自然法思想的两大源流，即以西塞罗为代表的理智倾向（order of reason approach）和源于乌尔比安的自然倾向

---

13 陈康.陈康哲学论文集[M]台北：台湾联经出版社，1985：作者自序。转引自[古希腊]柏拉图（王晓朝译）.柏拉图全集[M]北京：人民出版社，2002：13-14（汪子嵩.中文版序）。

（order of nature approach）[14]。笔者以为，这还不足以解决令傅乐安先生和刘素民博士都感到困惑的第三条命令的来源（认识上帝和过社会生活），认识上帝无疑是来自基督教的信仰，从存在论和目的论的进路都可以在阿奎那神学体系中得到说明，但是仅仅如此还不足以构成学术上的贡献，只是说出了阿奎那神学思想的一个常识而已。事实上，在《神学大全》中，阿奎那关于这三条规则与善的对应关系作了非常详细清晰的阐述，第三条命令不仅与人类的善有关，而且对应着灵魂的善，只是因为他的论述不是在"论法律"而是在"论婚姻"和"论童贞"等章节中，以至长期以来为托马斯·阿奎那的研究者所忽略。笔者相信，这一材料的挖掘有助于推进我们对阿奎那自然法思想的深入理解，阿奎那对其自然法规则之间内在紧张关系（认识上帝与男女结合）的解决反映出他在善的等级方面对亚里士多德的继承和改造。笔者试图打通阿奎那的灵魂观与自然法思想，指出阿奎那自然法的三条规则与亚里士多德对灵魂的三种分类之间有着对应关系，而在阿奎那的思想体系中，灵魂就其作为形式和实现而言，是人"是其所是"的同义词，这与作为人的规定性的自然（本性）其实是"同出（自上帝）而异名"。透过阿奎那的灵魂观来理解自然法的这三条命令，揭示他如何对亚里士多德的灵魂观进行吸收和改造，使之与基督教信仰相适应，从而构建独具特色的自然法学说，可以让我们对阿奎那的思想的内在融贯性有更深入的认识。

不仅如此，通过对阿奎那思想中这种灵魂与自然对应关系的研究，可以让我们对以柏拉图、亚里士多德为代表的古希腊政治哲学有更深入的理解，具体而言，即他们关于"自然正当"（natural right）的观念的根基是他们的灵魂观，即在灵魂的理性、欲望和激情三者之间是有等级秩序的。他们的政治哲学的根基是他们的目的论的人性论，也就是关于灵魂的观点。而近代关于自然权利（natural right）的学说，是建立在"歪曲"阿奎那的自然法，即将作为阿奎那自然法的第一条命令上升到最高命令的基础之上的，它颠覆了理性与欲望和激情的关系，而这是亚里士多德和阿奎那所一致反对的。阿奎那引用亚里士多德在《政治学》第一卷第二章中的论述："人类由于志趋善良而有所成就，成为最优良的动物，如果不讲礼法，违背正义，他就堕落为最恶劣的动物。"[15]（come l'uomo se è perfetto nella virtù è il migliore degli animali; così,

---

14 刘素民.托马斯·阿奎那自然法思想研究[M]北京：人民出版社，2007：285。

15 [古希腊]亚里士多德（吴寿彭译）.政治学[M]北京：商务印书馆，1965：9。

se è alieno dalla legge e dalla giustizia, è il peggiore di tutti）因为与动物不同，人具有理性的装备,可用来满足其淫欲和残暴。[16]（poiché l'uomo, a differenza degli animali, ha le armi della ragione per soddisfare la sua concupiscenza e la sua crudeltà.）这也是为什么从古典自然法一路演进而来的自由主义必然在道德上走向虚无主义，从而不能对各种冲突的价值作出判断，因为其第一原则就是自我保存的欲望。可以说，在这个意义上，即使现代自由主义在其政治主张和灵魂观（人性论）之间依然保持着一种对应关系。在笔者看来，返回阿奎那，可以提供一个批判地理解现代自由主义的视角，因为正如马里旦所说，近代自由主义的奠基者，是以对阿奎那的自然法进行歪曲的方式提出自己的自然法学说的。回到阿奎那的自然法立场，可以对自由主义所导致的虚无主义进行一些反思。

此外，笔者还试图将阿奎那的自然法学说与中国传统中的天人之学进行比较，这种比较并非笔者的独创，早期来华的耶稣会士利类思（Louis Baglio）就用过天学、人学的概念，刘素民博士认为，拉丁文的自然 natura 作为本性而言和中文的本性一样，都有"生"的含义，阿奎那的自然法与《中庸》的"天命之谓性"有相通之处，本文则试图指出，就永恒法和自然法的关系而言，阿奎那所说的"自然法是理性被造物对永恒法的参与"与中国传统的中的"性"与"命"的关系有可以类比之处，在天曰命，在人曰性，通过"性"与"命"的关系来更好地理解利类思所说的"非天学，人学无归宿；非人学，天学无先资"。[17]

---

16 Summa Theologica.I-II,q95,1.

17 [意大利]托马斯·阿奎那(利类思译).超性学要[M].上海:上海土山湾印书馆,1930: 3。转引自刘素民.托马斯·阿奎那自然法思想研究[M]北京:人民出版社，2007: 29（序言一）。

第一章　自然法的历史

第一节　自然法概述

在西方伦理学、法理学和政治学等学科中，自然法都是一个关键词。然而这些形形色色的理论除了共享一个"自然法"的名称之外，它们之间是否存在内在的一致性，即否存在一般意义上的自然法理论，一直是学者们争论的问题之一。不过研究自然法的学者大都同意这样的判断："自然法这概念的许多模棱含混，都应归咎于'自然'这一概念的模棱含混。"[18]

有学者认为，自然法理论包含以下含义：第一，自然法是一系列基于事物的本性特别是人性的永恒不变、普遍适用的客观的道德原则，是人类行为的出发点。第二，自然法的真理是人类运用理性可以发现的，每个正常人都能知道自然法的基本原则或根本要求是什么。第三，自然法是人们制定社会法律的基础或标准，是评判实在法（人法）是否有约束力的最终依据。[19] 如韦斯特曼（Pauline C.Westerman）指出的："任何一种自然法理论必须符合四个基本的假设，才能算是真正的自然法理论。即第一，存在着实在法赖以能够被确证或批评的普遍的、永恒有效的标准和原则。第二，这些标准和原则以自然为基础。第三，人通过理性的运用能够发现这些原则。第四，实在法如果要在道德上有强制力，就应根据这些原则和标准得到确认。"[20]

---

18 [意大利]登特列夫（李日章等译）.自然法：法律哲学导论[M].北京：新星出版社，2008：6。

19 林庆华.托马斯·阿奎那基督教自然法理论研究[D].上海：复旦大学，2002：5。

20 P.C.Westerman"The Disintegration fo Natural Theory',Leiden,1997,p12.转引自林庆华.托马斯·阿奎那基督教自然法理论研究[D].上海：复旦大学，2002：5。

有人从西方法理学发展变迁的角度将自然法理论分为传统的自然法理论和现代的自然法理论。传统的自然法理论认为，我们生活于其中的法律和法律体系是可以依据道德作出评价的，对法律规范进行评判的标准是客观存在的，这些标准有时候被称作"高级法"（higher law），这些标准源于神的启示或人的本性。西塞罗、阿奎那、格劳秀斯和普芬道夫以及菲尼斯都被认为是传统自然法理论的代表人物。现代的自然法理论则是作为对法律实在主义（奥斯丁、哈特和凯尔森）的回应而出现的，兴起于二战之后，是对二战之前法律实证主义思潮的反思，也是对纽伦堡审判的法理辩护。美国法理学家富勒及稍后的德沃金被认为是现代自然法理论的代表人物，他们认为法律是一种社会机制或社会实践，它与道德是不能分开的。通常认为，自然法理论是一种规范性理论，它探讨的是法律应当是什么，而法律实证主义是分析性理论，它探讨的是法律是什么。

自然法学说的特点在于，认为某些高级的原则（自然法的原则）高于并优于人制定的法律，人制定的法律应当符合自然法的原则，自然法是人定法的效力赖以判断的标准。"自然"这一术语，不可理解为支配物理世界的法则意义上的自然规律。自然法中的自然指的是提供自然法基础的观念，即人为什么应当遵从自然的理由。这种观念可以简要地叙述为人是自然的一部分，在自然中，人具有一种本性，这种本性使他倾向于某些目的（自我保存、生儿育女等），追求这些目的对他来说是自然的。有助于实现这些目的的东西也有助于实现本性的目的，因此促进人类实现其自然目的的法律也有助于实现其本性的目的，这些法律，即与人的终极目的相一致的法律，构成了自然法。

学者们一般将阿奎那之前的自然法思想分为两派：理性秩序派和自然秩序派。理性秩序派以西塞罗为代表，他继承了斯托亚学派关于自然的观点。斯托亚派以强调自然和服从自然著称。他们相信世界是一系列具有内在联系的事件的综合，正确的道德生活就是服从既定的世界秩序。斯托亚派的自然是一种统治宇宙的内在原则，这种原则就是理性的力量。这种力量也出现在人类的理性当中，因此自然法就是一种理性法。人处于一个具有固定秩序的世界之中，作为自然的组成部分，本质上是理性的动物，在服从自然的过程中，人其实是在服从理性的命令。西塞罗认为，自然法是人类应当服从的一种内在的力量，这种力量就是理性。他说，真正的法律（自然法）就是与自然相一致的正确理性，根据自然法生活就是根据正确的理性生活。这种自然法学说把理性置于核心的地位，被认为是理性秩序派。

自然秩序派的代表是乌尔比安，他认为自然法就是大自然教给一切动物的东西，自然法不是人类特有的，而是一切动物共同具有的行动法则。他所说的自然法接近于动物的本能。他对自然的理解实质上是把人和动物相提并论，人所特有的是市民法和万民法，而自然法则是人与动物共有之法。这种自然法概念被认为具有生理主义的倾向，忽略了人的理性因素，因而乌尔比安被划为自然秩序派的代表人物。

如果我们将眼光放得长远一些，对于不同名相掩盖下的思想源流进行更为细致深入的考证，或许我们会认同另一些思想史家的说法——自然法的学说与哲学一样古老。

第二节　希腊罗马的自然法思想

正如亚里士多德说好奇是哲学的开端一样，自然法学说的开端也有赖于人类的好奇心。[21] 在各民族的早期，道德规范、法律和宗教是没有分别的，都共同拥有一个神圣的源头。人类学家的著作也让我们知道，直至今日，某些原始部落中的情形依旧如是。一切皆出于神，可以说是所有民族在关于自己起源的描述中所共享的一个观念。

被众多西方法理学教科书尊为自然法观念之最初展现的《安提戈涅》中的那段著名的答辩，印证的就是这一时期的特点，"因为向我宣布这法令的不是宙斯，那和下界神同住的正义之神也没有为凡人制定这样的法令，我不认为一个凡人下一道命令就能废除天神制定的永恒不变的不成文律条，它的存在不限于今日和昨日，而是永久的，也没有人知道它是什么时候出现的。我不会因为害怕别人皱眉头而违背天条，以致在神面前受到惩罚。"[22] 在安提戈涅看来，安葬死者的命令是出于神的，人间的统治者无权予以废除，当人间的统治者克瑞翁质疑说一个保卫城邦的好人与一个攻打城邦的坏人不应享受

---

21 [德]海因里希·罗门（姚中秋译）.自然法的观念史和哲学[M].上海：上海三联书店出版社，2007：1。

22 [古希腊]索福克勒斯（罗念生译）.索福克勒斯悲剧二种[M].北京：人民文学出版社 1961：18。

同样的葬礼时，安提戈涅并没有诉诸理性的力量，她只是简单地回答道："可是冥王依然要求举行葬礼。"[23] 尽管希腊人认为一切法律都带有神的印迹，然而希腊城邦分立的现实对这种法的神圣起源论提出了挑战。在希腊的众多城邦中，政治体制各不相同，风俗有异，法律有别。这一现实不能不对那些有闲暇又爱好思考的人们产生刺激，所有的法律都号称自己是神圣的和永恒的，因而是不可改变的，然而事实是各个城邦的神圣法律却彼此各异甚至冲突，即使在同一城邦之中，法律也不是永恒不变的，随着时代变迁和形势的变化，城邦的政体和法律都会发生变化。当人们察觉到这一事实并进行思考时，自然法的观念就呼之欲出了。最早发现这一问题的是智者（Sophist），他们提出了自然（phisis）与习俗（nomos）的区别。[24] 自然是适用于所有人的，习俗则是由人约定的。自然是永恒不变的，习俗则因城邦和时间的不同而变化。正如海因里希·罗门所说："只有当批判理性回顾历史，注意到在法律和规范领域已经发生了深刻的变化，并意识到在自身历史发展过程中本共同体人民曾拥有之法律与道德制度之多样性时，自然法才能出现；更进一步言，只有当批判理性的视野超出自己城邦或部落的界限，注意到临近城邦或部落人民的制度之差异性时，自然法才能出现。"[25]

然而，在从原始的神圣法观念到早期自然法思想之间，还存在着一个作为否定环节的中间阶段，即智者们对法律作为人类约定之习俗的批判，这种颠覆性的观念，不仅危及城邦的生存，因为它影响到公民对城邦的忠诚，更颠覆了一般年轻人的伦理观念，如果一切法律不过是人类约定的产物，不过是强者利益的体现，若非出于强迫，还有什么必要遵守它呢？在《理想国》的前两卷，柏拉图笔下的苏格拉底的主要工作就是驳斥智者们的种种法律虚无主义论调。

青年们被腐蚀的后果在阿里斯托芬的喜剧《云》中得到了最好的描述。这种思潮泛滥的结果是引起了保守派的恐慌，苏格拉底就是以腐蚀青年和不信城邦的神的罪名被处死的，尽管在色诺芬的笔下，苏格拉底是一个保守的、虔敬的形象，但在柏拉图的著作中，我们看到的苏格拉底的确具有颠覆人心

---

23 同上，19。

24 杨适.古希腊哲学探本[M].北京：商务印书馆，2003：54。

25 [德]海因里希·罗门（姚中秋译）.自然法的观念史和哲学[M].上海：上海三联书店出版社，2007：2。

的力量，他与各色人交谈所产生的效果，在时人心中恐怕更接近于阿里斯托芬的描述。

　　然而在当时的情形下，简单扼杀的方法已经无法抵御批判理性的扩张，城邦之间愈益密切的交往，使人们意识到不仅别人的传统与律法并非神圣与永恒，自己的也一样，于是就不能不对法律的道德基础进行思考，换句话说，法律的合法性问题正式成为一个现实问题。城邦的法律、道德和习俗的基础是什么？不同城邦之间的不同法律是否有好坏之分？评价的标准是什么？在亚里士多德的《政治学》中，我们看到了这位哲人对不同城邦的制度的比较、分析和思考。在《雅典政制》中，我们看到了他对同一城邦的制度变迁的描述。亚里士多德这样做有其时代气氛，他是集大成者，却不太可能是始作俑者。

　　批判性思考所带来的质疑使得哲人们开始寻求新的合法性基础，有学者指出，这为旧邦求新命的工作首先是由赫拉克利特来尝试的。赫拉克利特的名言是"一切皆流"，但这并未让他得出虚无主义的结论。他提出了逻各斯的概念，尽管一切处于流变之中，这些变化都是按照逻各斯而进行的，并非偶然、随意而致。自然发生的事情是由确立秩序的某种理性所支配的。所有的人法都是以一个神法为基础的，在赫拉克利特看来，在各种各样的人法中，闪现着一种关于自然的永恒法则的观念，这些法则与分享着逻各斯的人的理性对应。透过人法的多样性和偶然性，理性能够把握到永恒法的真理，尽管感觉只能注意到不同和差异。[26] 赫拉克利特通过将自然法理解为蕴含于人法之中，并且赋予人法以合法性的方式，对智者们将自然法与人法完全对立的观点进行了回应。由此出发，人们就不仅不应质疑和否定他们所属城邦的人法，还应不懈地捍卫它。思想史家指出，赫拉克利特的学说具有现实的目的，它旨在强调法律的价值及其约束力，以抵御不具备良好判断力的群众的变化无常。群众喜好新奇，又缺乏相应的辨别能力，容易受人怂恿，对于智者的学说常常不加分析地接受，从而危及城邦的安全与政体的稳定。

　　在柏拉图的对话中，智者不仅形象不佳，而且下场不好，每每被苏格拉底问得理屈词穷。然而，如果我们反向思维一下，能够长期作为苏格拉底的对手而出现，可见他们在当时的影响之大。孟子之排杨朱，正见当时杨朱学说流传之广。史家提醒我们，这些智者大多是外邦人，并指出他们与启蒙时

---

26 同上，6。

代的思想家对社会的批评非常相似。[27] 孟德斯鸠曾经写过《波斯人信札》，以外国人的角度对本国制度进行了无情的批判。卢梭也是作为一个外邦人要为日内瓦立一部良法。那些四处游历的外邦人，在对不同政体进行比较之后，自然不难看出政体的实质不过是强者的统治，这一观点在《理想国》中由色拉叙马霍斯之口说出，受到这一观念影响的平民便失去了对城邦法律的敬畏之心，倘若不安于现状，希望改变自己的命运，除了与贵族斗争别无他途。

智者通过对自然与习俗的对立，实际上是在抬高自然，贬低甚至否定习俗，从而摧毁了当时各城邦政体的合法性根基，按照智者们的看法，法律既不是神圣的，也不是永恒不变的，它只不过是人为建构的产物，法律的作用只是为了维持统治阶级的地位、增加他们的利益，对法律的尊敬只不过是个幌子，正如一个人表面上像一个好人只不过是为了获得赞扬，提高自己的地位。

这种怀疑主义的论调不仅对城邦的法律秩序构成了威胁，还对善和正义的观念形成了巨大的冲击。如果正义不过是强者的利益，为善只不过是为了获得好的名声。那这些美好的词还有什么尊贵可言呢？

尽管柏拉图和亚里士多德这对西方哲学史上最著名的师生在很多问题上意见并不一致，他们对于智者的这种破坏性的怀疑主义观点都是采取批评态度的。正如阿尔法拉比指出："二者的差异是非本质性的，而实质方面则是一致的……尽管两人生活态度各异，然而在研究政治与道德问题上又是一致的。因为亚氏也肯定精神性和相的世界高于现实的感性世界，而每当他否定理念时总是小心翼翼地加以解释……两位大师一致肯定神（安拉）的本体里含有"理念"和"相"，它们是高于感性世界的。"[28]

在回应智者们的怀疑主义论调时，二位大师都强调了城邦的目的在于引导人们向善，正义的实现在于各得其所。他们都认为灵魂分为好几个部分，不同部分之间是有高低之分的。柏拉图认为灵魂由三个部分组成，理性、激情和欲望。唯有理性驾驭激情和欲望时，才是善的实现，与之相应的城邦状态才能称之为正义。亚里士多德有专门的著作讨论灵魂，将灵魂的功能总结为理性灵魂、动物灵魂和植物灵魂三类，理性灵魂是只有人才具有的，人若想实现自身的目的，达到自身的完善，只有使自己的理性得到完全发展。在伦理学著作中他也沿用柏拉图提出的理性、欲望和激情等术语。可以说，他

---

27 同上，7。

28 沙宗平.伊斯兰哲学[M].北京：中国社会科学出版社，1995：41-43。

们把政体的正当性与个人的完善捆绑在一起。他们对灵魂的看法实际上就是他们对人性的看法，由于他们对人生都持一种目的论的观点，从而对各种价值提出了一个确定的标准，在他们看来，"合乎道德的生活是人的目标，只有作为城邦的公民服从法律，才能实现这一目标，政治是伦理性的，城邦是最高的导师，是人的道德存在之实现。"[29] 于是他们在伦理和制度两个层面上回应了智者们的虚无主义论调。

首先，法律的合法性在于能否帮助人们实现自身的善，也就是自身的目的。不同城邦的政体并非具有同等价值或都无价值，依照是否有利于城邦公民道德提升的标准，可以分为不同的种类。

其次，价值是有等级的，对应于灵魂的不同部分或不同功能，追求人和动物都具备的部分是一种堕落或低等的生活，唯有追求人所独具的理性功能，才是实现了人之为人的本质。

可以说，智者们的否定性思潮，刺激了作为否定之否定的苏格拉底-柏拉图-亚里士多德的伦理政治学说的产生，为后世留下了关于政治哲学的经典文本，当现代人遭遇新一轮的否定性思潮危机时，回到柏拉图就成了顺理成章的选择，当一些思想史家提醒我们注意"古今之争"时，我们对于古人的时代背景及其问题意识应当有清醒的了解。

智者们通过对比自然的正当与法律的正当，得出了人的权利的观念。希庇亚说，这种未成文的法律是永恒不变的；源于一个更高的源头而不是出自人的命令。[30] 按照自然，所有人都是亲戚和同胞，即使法律规定与此相左。这实际上是在否定希腊人所坚信的希腊人与野蛮人的区分，亚里士多德曾引述诗人的诗句"野蛮人应该由希腊人为之治理"以证明野蛮民族天然都是奴隶。[31] 而希腊人的生活方式正是建立在奴隶制基础上的，没有奴隶的劳动，雅典的公共生活、斯巴达的军事训练都如建在沙上的房屋，对哲学家们来说至关重要的"闲暇"也无法继续。"大神令人类全都自由，自然从来不曾强迫谁当奴隶。"[32] 这种激进的观点抽掉了奴隶制度的伦理根基，受到柏拉图和亚

29 [德]海因里希·罗门（姚中秋译）.自然法的观念史和哲学[M].上海：上海三联书店出版社，2007：29.

30 同上，8.

31 [古希腊]亚里士多德（吴寿彭译）.政治学[M].北京：商务印书馆，1965：5.

32 同上，11.

里士多德的反对，前者一直维护奴隶制度，后者认为有些人按自然就是奴隶。他说奴隶是"一宗有生命的财产"、"优先于其它[无生命]工具的[有生命]工具" [33]，他在驳斥智者们关于奴隶制度不符合自然的说法——一切奴役都违反自然——时，也以自然为由，以子之矛攻子之盾，得出了截然相反的结论。"凡自己缺乏理智，仅能感应别人的理智的，就可以成为而且确实成为别人的财产（用品），这种人天然就是奴隶。" [34] 他进一步说："世上有些人天赋有自由的本性，另一些人则自然地成为奴隶，对于后者，奴役既属有益，而且也是正当的。" [35]

关于法律出于强权还是基于自然的辩论在柏拉图的对话中屡见不鲜，如《普罗塔戈拉篇》、《蒂迈欧篇》、《理想国》等，智者们大都认为法律出于强权，奴隶制度既然是法律所定，当然是违反自然的。犬儒学派自安蒂叙尼和第欧根尼以下，都反对出于强权的奴隶制度，认为人不应凭借暴力来奴役他人。[36]

智者们提出了与自然法相关的三个观念，对希腊传统文化形成了巨大的冲击，并在西方思想史上影响深远。这三个观念分别是：第一，现有的法律是人为建构并服务于阶级利益的，只有自然地正当的东西，才是名副其实的道德的；第二，一切人都享有自然法上的自由和平等，从而形成了人的权利和高于城邦的世界共同体的观念；第三，城邦起源于人的约定，它并非必然的，在城邦出现之前，曾经有过某种自然状态，当时起作用的是纯粹的自然法。[37]关于自然状态，有的采取乐观主义态度，有的采取悲观主义态度，采取乐观主义态度的倾向于自然法是国家无权加以改变的，悲观的则走向实证主义，法律源于国家的意志。近代自然法学家如霍布斯、卢梭、普芬道夫等以不同的方式继承和发展了这些古代的观念。

在形形色色的智者论调中，卡里克利斯的说法最耸人听闻，他说，雅典式民主制度所产生的法律是不正义的，因为这些法律是弱势的多数团结起来用法律捆绑强势的少数的结果，而自然教导人们，强者压倒弱者才是合乎自然的，看看动物界就会明白。所以自然法就是强者的力量，他是不加掩饰的

---

33 同上.

34 同上，15.

35 同上，16.

36 同上，11.

37 [德]海因里希·罗门（姚中秋译）.自然法的观念史和哲学[M].上海：上海三联书店出版社，2007：9.

强权即公理的拥护者，试图从自然界大鱼吃小鱼的事实推出弱肉强食的自然规律。[38]另一方面，希庇亚提出的人的权利及人人平等自由的说法则严重危及希腊城邦的根基，他把各国都同样实行的不成文法理解为自然法，他对与之交谈的希腊人、各城邦的公民说："在座诸君！根据自然而不是根据法律，我认为你们是同族、亲戚和同胞：因为根据自然同胞是相互亲近的，而法律则统治人们，强迫许多人反对自然。"[39]按照他的看法，自然法就是正义，而强迫人们遵守约定和人为的要求的成文法律，则是与正义对立的。成文法具有制约性、易变性、流动性和暂时性，随着立法者的变化而变化。他认为这一切表明，人所采用的法是不严肃的，更是不必要的。"既然制定这些法律的人们自身就常常废弃或修改法律，人们又怎能把这些法律看得具有真正的重要性呢？"[40]

无论卡里克利斯还是希庇亚，他们谈论自然法的目的都是为了否定人定法，追求免于法律（人定法）的自由，因为这人定法在他们看来乃是压迫和束缚，无论是对弱者还是强者。他们的自然法所指向的是社会哲学上的个人主义。[41]而柏拉图和亚里士多德关心的则是善的实现，在这西方哲学史上最重要的师徒二人看来，人的自由并不是目的，善才是目的。法律的好坏的标准并不在于是否出自人的约定，而在于是否体现了正义。如果法律只是为了维护某个阶层的利益，这样的法律根本不是法律，这样的城邦就不是一个城邦，实际上是两个敌对的城邦。真正的法律是为了整个城邦的利益，在整个城邦中实现正义，正义即在于给每个人所应得的，也就是实现每个人所具有的德性。这种以善的实现作为衡量真正法律的标准的观点，我们不妨称之为柏拉图或亚里士多德派的自然法思想，后世学者认为他们在谈论善的时候有极权主义的色彩。[42]在他们看来，正义的首要的以及根本的目标不是为了自由而自由，而是秩序的理念的实现，自由的价值只有在为了实现秩序的理念时才得以体现。所以尽管法律在他们的讨论中占据了重要位置，法律的制定并不是作为自由的保障，也不是对个人的压迫，只是为了实现城邦的最佳治理状态，

38 吕世伦.西方法律思想史论[M].北京：商务印书馆，2006：205。

39 同上，38.

40 [古希腊]色诺芬（吴永泉译）.回忆苏格拉底[M].北京：商务印书馆，1984：165。

41 [德]海因里希·罗门（姚中秋译）.自然法的观念史和哲学[M].上海：上海三联书店出版社，2007：12.

42 同上，12.

而这最佳的治理状态是实现美德所不可或缺的条件。如果我们将自然法等同于自然状态以及由自然状态推导出的个人主义。那么柏拉图和亚里士多德就不能在自然法的谱系中占有一席之地，尽管他们同意这样的看法，"法律效力之终极基础只能存在于它所体现的价值中"。[43]

斯多亚学派的自然法思想通过西塞罗的著作广为传播，他关于自然法的名言是："真正的法律，乃是与大自然相符合的正理（right reason）；它是普遍适用的，不变而永存的；它以它的命令召唤人们负责尽职，以它的禁止防止人们为非作歹。它对好人下命令或立禁制，绝对功不唐捐，虽然它对坏人丝毫无能为力。试图更改这种法律，乃是一种罪过；企图废除它的任何一个部分，也是不能被允许的；想完全废弃它，更是不可能。即使元老或下议院也不能解除它加诸我们的义务，我们无须在我们自身之外找寻它的阐释者。在罗马和雅典不会有不同的两套法律，在现在与未来亦复如是，一种永恒不变的法律将适用于一切民族与一切时代，在我们之上也将只有一位主人与统治者，那就是上帝，因为它乃是这法律的创造者、颁布者与执行它的法官。"[44]

---

43 [意大利]登特列夫（李日章等译）.自然法：法律哲学导论[M].北京：新星出版社，2008：142.

44 同上，18。王焕生先生的翻译稍有差异："真正的法律乃是正确的规则，它与自然相吻合，适用于所有的人，是稳定的，恒久的，以命令的方式召唤履行责任，以禁止的方式阻止犯罪，但它不会无必要地对好人行命令和禁止，对坏人以命令或禁止予以威召，要求修改或取消这样的法律是亵渎，限制它的某个方面发生作用是不允许的，完全取消它是不可能的；我们无论以元老院的决议或是人民的决议都不可能摆脱这样的法律，无需请求赛克图斯·艾利乌斯进行说明和阐释，将不可能在罗马一种法律，在雅典另一种法律，一种永恒的、不变的法律将适用于所有的民族，适用于各个时代；将会有一个对所有的人共同的，如同教师和统帅的神：它是这一法律的创造者、裁判者、倡导者。谁不服从它，谁便是自我逃避，蔑视人的本性，从而将会受到严厉的惩罚，尽管他可能躲过被视为惩罚本身的其他惩罚。"见[古罗马]西塞罗（王焕生译）.论共和国论法律[M].北京：中国政法大学出版社，1997：120。笔者按：王焕生先生是从拉丁文直译，李日章先生所据的登特列夫本身是意大利学者，论起对拉丁文的理解，或许意大利学者的译法更值得相信也更通顺一些，两个版本的差异主要在于对好人行命令和禁止是"不会无必要"还是"功不唐捐"和对坏人是"予以威召"还是"无能为力"，前者的差异只是文采上的，后者的差异则关乎理解的准确。关于这一段我个人更倾向于李日章先生的译文。后文则更倾向于王焕生先生的"谁不服从它，谁便是自我逃避，蔑视人的本性"，窃以为更准确地表现了斯多亚学派关于自然或本性的思想。

　　斯多亚学派的法律思想植根于他们关于人与自然的思想之中。晚期斯多亚学派将宇宙看作是整体的、有序的、运动的。宇宙是一个由若干部分组成的整体，其整体性由秩序来保证；整体和部分之间联系也是由相互之间的秩序所构成的，宇宙在不停的运动之中，这运动是宇宙各部分所具有的秩序出现或消失的结果，宇宙产生、发展和消亡的自然过程表现为秩序，维持这秩序的力量有时被称为神，有时称为宙斯，有时认为是理性。这三者被认为是界限不明的交集概念，塞涅卡也不加严格区分地使用这三个概念，他说："自然除了是主神和渗透于整个宇宙的所有部分的神圣理性之外，它还能是什么其他东西？"[45]自然的目的就是安排和调和宇宙的整体，宇宙各个部分的理性都服从自然理性的支配，人处在宇宙之中，人的内心也被自然赋予了理性，受到自然理性的支配。人与自然是协调统一的，人的精神自由也是自然理性赋予的结果，理性的安排使个人的自由符合整体的要求。自然确定万物的秩序，将理性赋予万物之中，人也不例外，所以人应当符合自然而生活，人的活动的目的是追求一种善的结果，因为自然的目的或安排正是如此。人要获得幸福，就要遵从自然本性的要求。

　　关于人的本质，晚期斯多亚学派分为两个部分，一是人的灵魂本质的学说；二是人的社会本质的学说。他们认为人的灵魂是宇宙灵魂的一个部分，性质上是一致的，彼此之间是部分与整体的关系。人跟动物都是自利的，但是人的灵魂中具有理性，这是宇宙的主神所赋予的，故而人所寻求的自利就自然包含了伦理的要求。在这种整体主义的观念之下，人的自利倾向与宇宙整体并不冲突，因为人的自利是由其本性决定的，而这本性与其它事物的本性一样，都是由自然决定的，整个宇宙在自然的指导之下是和谐有序的。人出于本性是需要合作的，如果一个人不与他人合作就是违反了自己的本性，也就违反了自然。换句话说，人的社会性是自然赋予的，人出于本性就应该过社会生活。[46]

　　斯多亚学派继承了苏格拉底-柏拉图的传统，认为正确的知识是伦理的基础，因为激情的影响，人往往无法获得对于善的知识。美德就在于按照对于人的天性的正确认识而行动。理性和自然是一回事，自然法的基础也在自然

---

45 [古罗马]塞涅卡（吴欲波译）.哲学的治疗[M].中国社会科学出版社，2007：215。

46 周晶晶.浅论晚期斯多葛学派关于人与自然的关系问题[J].社会科学研究 2009，12（专刊）：337-338。

之中，人生来就具有关于正当的观念，法律的基础不是统治者的命令，也不是多数人的决议，而是自然。西塞罗认为，人生而具有而非后来外铄的法律（non scripta sed nata lex）是其他法律的基础。他雄辩地说："假如正义的诸原则是建立于人民的命令、君主的敕令或法官的裁决之上的，那么，只要抢劫、强奸和伪造遗嘱得到大众的投票或指令之认可，正义也就会认可这些行为。但假如如此重大的权力归于傻瓜的决定和指令，自然的律法可以因他们的投票而改变，那么它们为什么没有规定，坏的和有害的东西应被视为好的和有益的？或者，假如一条法律可以将不义变为正义，那么它就不能把坏的变成好的？而事实上，我们能够察觉到好的法律与坏的法律的区别，只要将其与自然的标准相对照即可，而无须其他标准了；其实自然不仅可以分辨正义与不义，它也能毫无例外地分辨出荣耀的和可耻的。因为我们所有人共同具有的理智使得万物为我们所知，并在我们的心灵中得到详尽的描述，荣耀的行为被我们归为美德，而可耻的行为被我们归为恶行；只有疯汉才会说，这些判断是意见而已，而不是由自然所确定的"。[47]

第三节　经院哲学时代的自然法

基督教在其形成之初就接受了自然法的观念，使徒保罗说，自然法铭刻在未曾接受上帝启示的异教徒的心中，只要他们进行内省就可以发现。自然法对于犹太教徒和无信仰者同样有效，因为它的根基来源于自然。(《罗马书》2：12-16)

遵循保罗的教导，早期的教父们吸收并改造了斯多葛学派的自然法思想，将人格化的上帝作为自然法的创制者，指出虽然异教徒没有听到摩西和先知的话，但是上帝从一开始就将自然法灌注在人中，人才能通过自己良知和理性知道它的存在。[48]

圣奥古斯丁在将基督教信条与古希腊哲学融合方面作出了巨大的贡献，他的自然法思想影响深远，正是他完成了始于早期教父的自然法思想的神学转向，斯多葛学派所推崇的非人格化的世俗的理性在他那里变成了人格化的

---

47 [德]海因里希·罗门（姚中秋译）.自然法的观念史和哲学[M].上海：上海三联书店出版社，2007：21.

48 同上，32-33.

全知全能的上帝。于是，自然法不再是来自于人的自然本性，而是来自于上帝的启示；自然法不再是人的理性的产物，而是对上帝永恒法的分有；自然不再属于此世，而是来自彼岸。如果说斯多葛学派与西塞罗的自然法代表的是宇宙中非人格的自然力量，体现的是宇宙理性原则，奥古斯丁的自然法本质是神意的象征和体现，源于人格化的上帝的理性和意志。[49]

奥古斯丁提出了"永恒法"与"人定法"的区分，并以此为基础对自然法作出了新的神学阐释。奥古斯丁的"永恒法"即神法，也就是上帝思想中的造物的秩序。上帝是至高的理性、永远不变的存在和全能的意志。上帝超越于这个世界又通过其无限的权能支持着它，通过他的恩典指导着它，并按照他的永恒法治理着它。至高理性和永恒法是一回事。上帝的内在生命与外在活动都是受永恒法支配的。上帝通过永恒法统治着这个本体性秩序，即存在的秩序、本质和价值的秩序。[50]上帝按照自己的形象造人，人受造的观念在上帝的意识之中，为永恒的观念，又是对于人的永恒法。这种永恒的法是神法，但人违背了上帝的命令，犯了罪，于是恶进入人的心，人心虽然知道本性中的法律，却没有力量遵守。有原罪的人不能直接知道神的永恒法，但是根据其理性的良知，依然可以认识自然法。自然法作为自然的道德律的组成部分，也就是关于人的神圣法律的组成部分，铭刻在人的心中，而人是理性的自由的存在，只要人运用理性去思考，就会在自己的良心中听到上帝的声音，因为上帝将自然法这种道德活动的规范铭刻在理性的心灵中。自然法作为"本性之律"，体现了上帝的意志，因此，自然法不仅来源于永恒法，而且是对永恒法的分有。学者指出，奥古斯丁这种将自然法理解为上帝印在人性上的"本性之律"的观点，也是其同时代的教父们的共同看法，本性之律是上帝对人的训诫，通过人的良心而显露，人能够分辨善恶正是因为本性之律的缘故，但是由于人的欲望常常蒙蔽了人的理性，所以人常常偏离自己的理性，违背本性之律的要求，唯有靠上帝的恩典，人才能获得拯救。这些观点，对托马斯·阿奎那的自然法思想有很大影响。[51]在阿奎那的《神学大全》中，奥古斯丁经常作为权威被引述。

---

49 刘素民.托马斯·阿奎那自然法思想研究[M].北京：人民出版社，2007：78-79。

50 [德]海因里希·罗门（姚中秋译）.自然法的观念史和哲学[M].上海：上海三联书店出版社，2007：34.

51 刘素民.托马斯·阿奎那自然法思想研究[M].北京：人民出版社，2007：80。

因此行为的好坏是因其自身之故，而非由于人法的规定，坏行为之所以为坏，是因为它们背离了上帝所设定的自然的秩序，立法者对它们的惩罚是因为它们偏离了人的自然的理性，也就是说，世俗立法者的意志并不能成为认定特定行为非道德性的正当性基础。奥古斯丁的学说通过教会早期学者的著述、罗马法研究和教会法等途径影响到经院哲学。格兰西在《教会法大全》中指出，律法（摩西十诫）和《圣经》所包含的自然法具有神圣的源头，它存在于人的本性之中，对所有人同样有效，它的效力高于实在法。

作为中世纪思想的巅峰，经院哲学对自然法进行了后人难以超越的细致研究。自此以后，自然法学说一直在政治学、伦理学和法理学中占有一席之地。第二次世界大战带给人们的反思以及纽伦堡审判所引起的辩论使学者们不得不承认，"没有形而上学的哲学、没有对于真理确定性的认识论、没有关于正当理念的法学，都是大成问题的。"[52]

在经院哲学关于自然法的思辨中，影响最为深远的是圣托马斯·阿奎那与唯名论者奥卡姆等人之间的分歧。从根本上说，这一分歧实际上是他们关于上帝的思辨的分歧在法律问题上的表现，如果将其神学背景暂且抛开，可以简单地归纳为法律即理性（Lex-ratio）和法律即意志（Lex-volutas）之间的对立。有学者指出，这种分歧的影响一直存在于近现代西方法律思想史之中，后来的自然法学派大致可以说是法律即理性的继承人，而实证主义法学派则是法律即意志的传人。值得指出的是，意志（voluntas）不仅仅是狭义上的意志，还包括激情和欲望。实证主义意味着放弃知道事物本质（本性/自然）的努力，它是唯名论的现代版，批判给存在和价值排列出等级关系的形而上学，而对圣托马斯·阿奎那来说，事物的本质及其基本秩序是可以认知的，形而上学的存在和价值体系都是有层级的，自然法则先于上帝和人的意志。

第四节　古典自然法

在古典自然法这一概念之下并不存在一个统一的派别，它被研究法律思想史的学者当作自然法学发展的一个阶段，指的是 17 至 19 世纪初自由资本主义阶段所产生的一种"世俗的自然法学"，它是资产阶级"用文艺复兴运动

---

52 [德]海因里希·罗门（姚中秋译）.自然法的观念史和哲学[M].上海：上海三联书店出版社，2007：36.

以来已经发展起来的人文主义思想来嫁接自然法学"，用人权代替神权，用国家代替教会，用人的理性代替神意，它的实质是"中世纪神学的自然法学的世俗化"[53]。

我国法学界认为，古典自然法的发展可分为三个阶段：创立阶段、发展传播阶段和应用阶段。

第一阶段是从 17 世纪初到 17 世纪中叶，即从格老秀斯《战争与和平法》的出版到霍布斯《利维坦》的诞生。在这一阶段，古典自然法学说的主要基本理论虽然已经产生，但尚未完善。第二阶段是从 17 世纪末到 18 世纪中叶。是古典自然法学说的发展传播时期，西欧各国都出现了一批著名人物和代表性著作。如斯宾诺莎的《神学政治论》，普芬道夫的《自然法与万国法》，洛克的《政府论》，孟德斯鸠的《论法的精神》以及卢梭的《社会契约论》。第三阶段从 18 世纪末到 19 世纪初，是古典自然法学的应用时期，古典自然法的理论不但被用于美国的独立战争和法国大革命，且被用于创立部门法学。[54]有学者引用革命导师列宁没有革命的理论就没有革命的实践的论断，指出欧美或西方世界发达，尤其是法制实践进步的原因之一，即在于其先进的法制理论与法律思维。[55]按照这种说法，自然法的三个阶段就是革命的理论逐渐掌握群众从而成为改造世界的力量的过程。

一、格老秀斯的自然法思想

我国法学界一般认为，古典自然法产生的标志是 1625 年格老秀斯《战争与和平法》的发表。但是也有学者对此提出不同看法，认为将古典自然法的开端归诸于格老秀斯是站不住脚的，格劳秀斯并未承认人的理性是自然法的唯一的源头，他依然认为上帝是自然法的最高渊源，他对自然法的定义是"自然法乃是正当理性的指示，它指出，一项活动，依其是否合乎理性的（和社会的）自然，而内在地具有道德上的卑劣或道德上之必然的性质；因此，这样的活动被自然的创制者上帝所禁止或允许。"[56]格老秀斯处于两个伟大时代的过渡阶段，有的学者认为他不过是"对从圣奥古斯丁延续到苏亚雷斯，并

---

53 严存生.西方法律思想史[M].北京：法律出版社，2004：123.

54 同上，124.

55 鄂振辉.自然法学[M].北京：法律出版社，2005：238.

56 [德]海因里希·罗门（姚中秋译）.自然法的观念史和哲学[M].上海：上海三联书店出版社，2007：66.

在圣托马斯那里达到巅峰的那个伟大自然法传统的直接延续而已"[57]，有的则强调他创新的一面，故而将其纳入新的时代。

格老秀斯说："自然法之母就是人性，社会交往的感情就产生于此，并非由于其他的缘故，遵守契约即为民法之母，而自然法又是从契约的约束力所产生，因此可以说自然法是民法之祖。有人性然后有自然法，有自然法然后有民法。"[58]格老秀斯所理解的人性有两个方面，一是社会性，一是理性。他继承了亚里士多德以来关于人的基本观点，认为人在本性上是一种社会的动物，他们的理性使他们能够辨别是非。"人的确是一种动物，然而是一种高等动物，比其他动物彼此之间的差别有许多更大的差别……人类独特的象征之一是要求社会交往的愿望……人类之所以超越一切动物，不仅在于推动社会发展，而且在于有能力判断和鉴别利害关系……就人类本性而言，我们可以理解，在权衡利害，作出判断之后，既不为威胁和引诱引入歧途，也不为盲目和轻率的感情冲昏头脑。凡是不合于判断的，也就必然不合于自然法；换言之，也就不合于人类本性。"[59]

格老秀斯的自然法有两个特征：第一，自然法高于人定法，自然法是最基本的、起决定作用的、永恒不变的，自然法所体现的公平和正义的原则是普遍适用的。第二，自然法是以人的理性为基础的，尽管他依然承认上帝是自然法的渊源，但他突出了人的理性的决定作用，"自然法是如此的不可变易，就连上帝也不能加以变更。因为上帝的权力虽然无限，但是有一些事情即使有无限权力也是不能动摇的。例如上帝不能使二乘二不等于四，他也不能颠倒是非，把本质是恶的说成是善的。"[60]正是这句著名的论断，被后世学者们认为已经突破了中世纪神学自然法的束缚，开始用人的眼光、人的理性解释自然法。

格老秀斯既把自然法看作区分善恶的原则，又把自然法与自然权利、私有财产联系起来，认为自然法是对人的自然权利的确认和保护。自然权利包括人的生命、躯体、自由、平等之类，这些是不可侵犯的。"自然法不但尊重

---

57 转引自同上，2007：65.

58 西方法律思想史资料选编[M].北京：北京大学出版社 1982：141-142。转引自严存生.西方法律思想史[M]北京：法律出版社，2004：130。

59 西方法律思想史资料选编[M].北京：北京大学出版社 1982：138。转引自严存生.西方法律思想史[M]北京：法律出版社，2004：131。

60 转引自鄂振辉.自然法学[M].北京：法律出版社，2005：69-70。

那些由自然产生的东西，而且也尊重那些由人类意志而产生的东西，一经承认，自然法就指示我们违反任何一个人的意志而拿走他人的东西就是非法的……我们的生命、躯体、自由仍然是我们自己的，而且除了干了显然不公正的事，也是不容侵犯的。"[61]他从而认为，为了保护自己的自然权利，人民进行自卫是符合自然法的。"当为了抗击侵略时，甚至使用暴力也是符合自然法的。"他把自然法的内容归纳为五个方面，即"他人之物，不得妄取；误取他人之物者，应该以原物和原物所生之收益归还物主；有约必践；有害必偿；有罪必罚"。[62]

二、斯宾诺莎的自然法思想

斯宾诺莎认为，人曾经长期生活在天然状态下，"天然状态，在性质和时间两方面，都先于宗教……我们必须把天然状态看成是既无宗教也无律法，因此也就没有罪恶与过失"，在这样的状态下，人唯一服从的是自我保存的规律："所谓天然的权利与法令，我只是指一些自然律……自然当然有极大之权为其所能为，自然之权是与自然之力一样广大的……个体之权达于他的所规定的力量的最大限度，那么每个个体就应竭力以保存自身，不顾一切，只有自己，这是自然的最高的律法与权利。"[63]这种自然状态并非一种理想状态，因为"个人的天然之权不是为理智所决定，而是为欲望和力量所决定"[64]，人们之间互相争斗，导致一切人反对一切人的混乱状态。在这种状态下人们缺乏安全感，为了获得安全与幸福，人们在理性的帮助下订立契约，进入社会生活，并依据自然法的指导，制定法律以自我保存。

学者指出，斯宾诺莎关于国家和法律起源的理论，充满功利主义色彩。在斯宾诺莎看来，人之所以建立国家和法律，完全是出于人性趋利避害的要求。[65]"人性的一条普遍规律是，凡人断为有利的，他必不会等闲视之，除非是希望获得更大的好处，或是出于害怕更大的祸患；人也不会忍受祸患，除

61　西方名著提要.中国青年出版社 1957：112 转引自严存生.西方法律思想史[M]北京：
　　法律出版社，2004：131。

62　西方法律思想史资料选编[M].北京：北京大学出版社 1982：138，转引自严存生.
　　西方法律思想史[M]北京：法律出版社，2004：132。

63　[荷兰]斯宾诺莎（温锡增译）.神学政治论[[M].北京：商务印书馆，1963：212。

64　同上，213。

65　谷春德.西方法律思想史.中国人民大学出版社 2000：133。

非是为避免更大的祸患，或获得更大的好处。也就是说，人是会两利相权取其大，两害相权取其轻……这条规律是深入人心，应该列为永恒的真理和公理之一。"[66]

斯宾诺莎对法律下了明确的定义："法律是人给自己或别人为某一目的立下的一个方案。"要解释清楚法律必须从律本身的特性开始，"律这个字，概括地说，是指个体或一切事物，或属于某类的诸多事物，遵一固定的方式而行。这种方式或是由于物理之必然，或是由于人事的命令而成的。由于物理之必然而成的律，是物的性质或物的定义的必然结果。由人命令而成的律，说得更正确一点，应该叫做法令。这种法律是人们为自己或别人立的，为的是生活更安全、更方便或与此类似的理由。"[67]从这个定义可以看出，他将法律划分为自然法和成文法，前者反映物理之必然，后者以命令形式反映人的目的。在此基础上，他又区分了人法和神法，"法律既是人为自己或别人定下的一种生活方案，就似乎可以分为人的法律与神的法律。所谓人的法律我是指生活上的一种方策，使生命和国家皆得安全。所谓神的法律其唯一的目的是最高的善，换言之，真知上帝和爱上帝。"[68]

三、霍布斯的自然法思想

霍布斯的自然法思想也离不开他的自然状态理论，他的自然状态理论典型地表达了他对人性的悲观看法。霍布斯认为，人类在本质上是自私自利的、充满恶意的、野蛮残忍的和富于侵略性的。施特劳斯曾经指出，霍布斯的性恶论必须用其在对英国内战进行观察时的经验来解释。在内战中，英国的社会结构被打破，暴力成了家常便饭。[69]霍布斯认为，在无政府的自然状态中，人跟人之间象狼一样（homo homini lupus），在充满仇恨、恐惧和互不信任的气氛中，人类始终处于一切人反对一切人的战争状态（Omnium Contra Omnes）中，霍布斯认为，在这样的状态中，每个人的力量是相等的，即使最弱者也能杀死最强者，每个人都有权做任何事，任何人都有尽力使自己的生命和肢体免遭他人侵犯的自然权利。他对自然权利的定义是"每一个人按照自己所

---

66 [荷兰]斯宾诺莎（温锡增译）.神学政治论[M].北京：商务印书馆，1963：214-215。
67 同上，65。
68 同上，67。
69 [美]列奥·施特劳斯（彭刚译）.自然权利与历史[M].北京：三联书店：2003：200。

愿意的方式运用自己的力量保全自己的天性——也就是保全自己的生命——的自由。因此，这种自由就是用他自己的判断和理性认为最适合的手段去做任何事情的自由"。[70] 在自然状态下这种权利是无限的，"每一个人对每一种事物都具有权利，甚至对彼此的身体也是这样。"[71] 在这种状态下，虽然人们的权利是无限的，但是由于人人都享有这种不受限制的权利，从而导致毫无保障的战争状态，霍布斯认为人们出于对死亡的恐惧、想得到便利生活必需品的欲望以及通过合作劳动得到这些物品的希望，希望摆脱战争状态获得和平，人是有理性的，理性为人类提出了一些便于和平的条款，霍布斯认为自然法就是由人们的理智所告诉他们的如何获得和平的生活的通则。[72] "自然法是理性所发现的诫命或一般法则。这种诫条或一般法则禁止人们去做损毁自己的生命或剥夺自己生命的手段的事情，并禁止人们不去做自己认为最有利于生命保全的事情。"[73]

霍布斯的自然法与自然权利是既有联系又有区别的，自然权利强调的是人的自由，而自然法强调的是人的义务和对行为的约束。义务和约束之所以对人的生存有利，是因为人的行为如果不受自然法的约束，就会毫无限制地使用自然权利，从而陷入战争状态。

霍布斯的最重要和最基本的自然法就是应当在任何能够找到和平的地方寻求和平。从这一原则中，可以推导出更为具体的规则：每个人都必须放弃其根据本性可以为所欲为的权利；每个人都必须遵守和履行他的契约；所有的人都应当在不危及人身的情形下尽可能地互相帮助和提供方便；不应羞辱、辱骂或蔑视他人，在发生争端时必须有一个公平的仲裁者；最重要的是，己所不欲，勿施于人。

四、洛克的自然法思想

与霍布斯不同，洛克认为自然状态不是战争状态，而是自由平等的和平状态。"那是一种完备无缺的自由状态，他们在自然法的范围内，按照他们认为合适的办法，决定他们的行动和处理他们的财产和人身，而毋需得到任何

---

70 [英]霍布斯（黎思复等译）.利维坦[M].北京：商务印书馆，1985：97。

71 同上，98。

72 严存生.西方法律思想史[M]北京：法律出版社，2004：135。

73 [英]霍布斯（黎思复等译）.利维坦[M].北京：商务印书馆，1985：97。

人的许可或听命于任何人的意志。""在这种状态中，一切权力和管辖权都是相互的，没有一个人享有多于别人的权力。"[74]洛克认为，人是有理性的，而理性就是自然法，因此人在自然状态下行为不是不受限制的，而是受自然法支配，这使他们能彼此友好相处。"自然状态有一种为人人所应遵守的自然法对它起着支配作用；而理性，也就是自然法，教导着有意遵从理性的人类：人们既然都是平等的和独立的，任何人就不得侵害他人的生命、健康、自由或财产。"[75]

洛克批评了霍布斯的自然状态理论，认为自然状态与战争状态不是一回事，"人们受理性支配而生活在一起，不存在拥有对他们进行裁判的权力的人世间的共同尊长，他们正是生活在自然状态中。但是对另一个人的人身用强力或表示企图使用强力，而又不存在人世间可以向其诉请救助的共同尊长，这是战争状态。"自然状态是受自然法支配的，这个自然法也跟霍布斯的自然法不同，它的内容是自我保全同时不要伤害他人。自然法教导人类，人既然是平等的，任何人就不得侵害他人的生命、健康、自由或财产。在同一自然状态内共享一切，就不能设想人们之间有任何从属关系，可使我们有权彼此毁灭。正因为每一个人必须保存自己，不能擅自改变他的地位，所以基于同样理由，当他保存你自身不成问题时，他就应该尽其所能保存其余的人类，而除非是一个罪犯，不应该夺去或损害另一个人的生命，而是有助于另一个人的生命、自由、健康、肢体或物品的事物。[76]

但是洛克又认为，这个自然法交给每个人去执行，人人有惩罚违反自然法的行为的权力。自然法状态有三个缺陷：首先，这种状态下虽然有自然法，但没有一种确定的和众所周知的标准作为区分是非的规则；其次，每个人都有惩罚违反自然法行为的权利，缺少一个有权依照既定的法律裁判一切争执的公正的裁判者；最后缺少权力来支持正确的裁决，使其得到执行。因此在自然状态下，人们的生命、自由、健康和财产权利实际上得不到保障。要有明确的能得到执行的法律，首先要有国家权力，这样才能保障自由。

洛克在分析自然状态的基础上，提出人的自然权利，即生命、健康、财产和自由。国家的起源就是为了保障这些自然权利，洛克强调，人们所放弃

---

74 [英]洛克（叶启芳等译).政府论（下篇）[M].北京：商务印书馆，1964：6。

75 同上。

76 [英]洛克（关文运译).人类理解论[M].北京：商务印书馆，1959：666.

的只是部分自然权利，即执行自然法、单独处罚违反自然法者的权利，而其他自然权利，尤其是财产权是不能放弃的。

五、孟德斯鸠的自然法思想

孟德斯鸠在《论法的精神》中给法律下了一个定义："从最广泛的意义上来说，法是由事物的性质产生出来的必然关系，在这个意义上，一切存在物都有它们的法。上帝有他的法；物质世界有他的法；高于人类的'智灵们'有他们的法；兽类有它们的法；人类有他们的法……由此可见，是有一个根本理性存在着的。法就是这个根本理性和各种存在物之间的关系，同时也是存在物彼此之间的关系。"[77]

关于自然法，孟德斯鸠说："在所有这些规律之先存在着的，就是自然法，所以称为自然法，是因为它们是单纯渊源于我们生命的本质。如果要很好地认识自然法，就应该考察社会建立以前的人类。自然法就是人类在这样一种状态下所接受的规律。"[78]孟德斯鸠也使用自然状态和战争状态的概念，但他不同意霍布斯关于自然法内容的说法。他认为，人类的自然法一共有四条：和平是自然法的第一条；因需要而去寻找食物是自然法的第二条；人们相互之间存在着自然的爱慕是自然法的第三条；互相结合与愿望过社会生活是自然法的第四条。

第五节 新自然法学

自然法学在当代的复兴，与第二次世界大战结束后审理法西斯战犯中遇到的实际法律问题密切相关，纽伦堡审判触及到法西斯暴行与实证主义法学之间的联系，以德国著名法学家拉德布鲁赫由实证主义转向自然法学为标志，自然法学获得新生。新自然法学可分为神学的和非神学的，代表人物分别是法国的马里旦和美国的富勒等。

马里旦的自然法学说被称为新托马斯主义法学，他继承了阿奎那的自然法思想，认为自然法是基于人性的道德法，是对上帝的永恒法的参与。

自然法是马里旦法律思想的核心，主要包括以下几方面：

---

77 [法]孟德斯鸠（张雁深译）.论法的精神（上册）[M].北京：商务印书馆，1982：37。
78 同上，1。

　　首先他批判了古典自然法理论，认为他们歪曲了自然法的真义。自然法是维系人类社会的正义观念，真正的自然观念不在启蒙思想家那里，相反，启蒙思想家对自然法观念进行了肆意的歪曲和理性主义的改造，结果使上帝成了自然、理性和自然法这三位一体的、自存的绝对物的外加的担保者，从而使得即使上帝不存在，这个绝对物依旧支配着人们。所以人类意志或人类自由事实上代替上帝成为自然法的最高来源和起因。自然法的本意被篡改了，由于动摇了上帝这个不可动摇的权威和基石，所以自然法一旦不再作为激进的革命派蛊惑人心的口号之后便无人理睬了。[79]

　　马里旦指出，现代社会存在着一个不容否定的事实，人虽然受制于成文法，但是成文法的效力是有限的，不能对人的良知、情感和精神具有约束力，人类有其自身的弱点，它在服从人定法之外还要服从更完善的戒律，即自然法。自然法是上帝默许的、永恒不变的法律。他强调自然法是由两种要素构成的，即本体论的要素和认识论的要素。

　　本体论的要素，即由物的本质所产生的必然性。任何一事物都有自身的自然法则，这是本性的要求。自然法源于人的理性，是从人性或人的本质中产生的有关人类的合适而正当行为的规则或理想秩序。"正是靠着人性的力量，才有这样一种秩序或安排，它们是人的理性所能发现的，并且人的意志为了要使它自己同人类基本和必然的目的合拍，就一定要按照它们行动，不成文法或自然法不外乎是这样。[80]"就本体论方面看，自然法是有关人的行为的理想秩序，是合适和不合适行动、正当和不正当行为的一个分水岭，它依靠着人的本性以及根源于这种本性的不变的必然性。马里旦认为，人的本性是不变的，自然法的本质就是来源于这种不变的人性，是人的本质要求的规则化。[81]

　　认识论的要素，自然法的存在和人们对自然法的认识是不同的，自然法是不成文法，故而人们对它的认识存在不同程度的困难，不同时代的人所能获得的自然法只是都是相对的。马里旦说："人们对自然法的知识是随着人的道德良知的发展而一点一点增加的。[82]"所有的人都知道"行善避恶"，它本身不是自然法，而是自然法的第一原则。自然法就是从这一原则中引出的。自然法是处理同"行善避恶"这一原则必然相联系的权利和义务的准则，它是

79　严存生.西方法律思想史[M]北京：法律出版社，2004：380。

80　[法]马里旦（霍宗彦译）.人和国家 M].北京：商务印书馆，1964：80。

81　谷春德.西方法律思想史.中国人民大学出版社 2000：296。

82　[法]马里旦（霍宗彦译）.人和国家 M].北京：商务印书馆，1964：85。

实在法甚至国际法的精髓，一切法的内容最终源于此，一切法律问题最终要运用自然法原则加以衡量和解决。

马里旦的自然法思想是其人权思想的基石。他认为，人权若不植根于自然法，就不可能长久存在。"如果我们没有一个十分足够的自然法观念，我们如何能了解人权呢？那个规定我们最基本义务并从而使每项法律具有拘束力的自然法，就是把我们的基本权利指定给我们的那个法律。"[83]因此，不了解自然法的历史，不认识自然法，就不能真正了解人权。

富勒的自然法思想继承了世俗自然法思想的理性主义传统但又有区别，他不仅强调法律和道德密不可分，而且强调法律本身的存在也必须以一系列法治原则为前提，这些原则就是法律的"内在道德"即"程序的自然法"。

富勒认为，法律是一种有目的的事业，法的道德性有两个方面，即"外在道德"和"内在道德"。法的外在道德即实体自然法，指法的实质目的或理想，如人类交往和合作应当遵循的基本原则、抽象的正义等。法的内在道德是有关法律的制定、解释和适用等程序上的原则或法治原则，是使规则管理人类行为的事业成为可能的道德，也是法之成为法的前提。[84]法律的内在道德包括八个要素：一、普遍性，即法律是对所有人都适用的；二、公布；三、不溯及既往；四、明确；五、不自相矛盾；六、可能的；七、稳定的；八、官方行为与法律的一致性。

法律的外在道德即实体自然法指法律的实体目标。富勒将其归纳为最基本的两条：一是保持人类目的的形成过程的健康性；二是保持人类交流渠道的开放性。正是交流使社会成为一个整体。法律的外在道德指通常意义上的道德，即由"正确"、"公平"、"正义"等原则和观念组成的道德。

正如美国学者 Judith Shklar 所指出的，所谓"法律实证主义与自然法之争"的两方哈特和富勒其实都割裂法律与道德，甘阳先生指出，这两派所谓的"自然法"实际上早已与西方传统的自然法例如阿奎那根本不同，是所谓"没有自然的自然法"[85]。而富勒关于法律的"内在道德"的观点，在阿奎那的角度看来，不过是伊西多尔所说过的人法的特性而已。[86]

---

83 同上，76。

84 谷春德.西方法律思想史.中国人民大学出版社 2000：299。

85 甘阳.与友人论美国宪政书.现代政治与自然[M].上海：上海三联书店，2003：451.

86 Summa Theologica，I-II，q95，3.

第二章　阿奎那的自然法思想

第一节　内部视角：关于研究方法的说明

　　长期以来，大陆法学界对阿奎那法律思想的解读，有一种从外部予以批判的倾向，有学者认为"托马斯主义基本上是借助亚里士多德主义构成的。确切些说，对亚里士多德的进步方面加以曲解，对其错误、糟粕加以发挥，然后巧妙地将它们糅进中世纪的思维中来。托马斯作为经院哲学的大师，极力地盗用亚里士多德的逻辑学进行神学的诡辩。至于他作为神学政治法律思想的大师，差不多可以说片刻也离不开亚里士多德。"[87]似乎他只是个维护教权和封建统治的理论家，神也好，自然也好，都是他为了捍卫阶级利益而玩弄的文字游戏。"多米尼各派的托马斯之所以要在这方面争先锋、抢旗帜，完全是为了替封建统治阶级服务。"[88]对于其法律思想，在简单介绍之后，就可以盖棺定论。"托马斯从神的绝对性出发，把亚里士多德关于法律普遍意义的思想、老斯多葛学派的自然法学说，以及罗马法学家的法律分类和有关民事关系方面的一些论述等等掺混一起，穿凿附会，凑成一个繁琐而杂乱的神学法律思想体系。"[89]

　　站在阶级立场上，这样的外部批判是必要的，但就思想史研究而言，这样的批判也有其不足之处。正如中世纪思想研究专家段德智教授所指出的，

87　吕世伦.西方法律思想史论[M].北京：商务印书馆，2006：61。

88　同上。

89　同上，63。

"中世纪经院哲学不仅不是哲学的'坟墓'和'沙漠地带'，更不是'需要穿七里靴尽速跨过的时期'，这被称作黑暗时代的一千年其实是一个承上启下的时代，不仅近代哲学从中受惠颇多，更重要的是，'中世纪经院哲学并非完全过去的和完全死去的东西'，它以'这样那样的形式'存在于现当代哲学思潮之中。"[90]这段话精辟地概括了中世纪思想研究的必要性和正当性，我们对托马斯的法律思想进行深入研究，只有站在这样的高度去理解，才能为自身所具有的学术价值作出合理的说明，才敢于期盼自己的研究能够对我国的学术事业有所贡献。

外部视角与内部视角是分析实证主义法学家哈特所提出的一种区分，内在观点和外在观点是两种截然不同的主体对待法律的态度和立场。内在观点是一种将规则作为规则来看待的观点，是一个诚信参与者的观点；外在观点是一种将规则作为社会现象来对待的观点，是法律旁观者的观点。[91]哈特举例说，同样是面对红灯，一个外国人只能得出结论说，在该地区，当红灯亮的时候人们会停下脚步。而一个熟知交通规则的本国公民则明了，自己有义务遵从红绿灯的规则。本文试图从这两者的区分中，引出对于托马斯·阿奎那思想进行研究所应具备的一种方法论上的要求。

正如研究托马斯·阿奎那的专家所指出的，"在托马斯的论著中，谁也找不到象中世纪后期或现代人们所作的那种纯哲学的分析，哲学完全被糅合在神学之中，尽管托马斯当时已承认哲学有别于神学，哲学同数学等学科一样是一门独立的学问，可是他依然把哲学作为辩护神学的工具，同神学融合在一起。所以，我们说《神学大全》既是他的神学概论，又是他的哲学概论，二者是合而为一的。如果人们想研究他的哲学思想，而同时又想撇开他的神学命题，这是不可能的……特别对我国不太了解基督教内幕的哲学研究工作者来说，尤为感到陌生和费解。"[92]因托马斯本人思想和表达形式的特点而导致的双重障碍，哲学研究工作者尚且感到困难，法学研究者作出之前所引述的那些评价也就可以理解了。

---

90 刘素民.托马斯·阿奎那自然法思想研究[M]..北京：人民出版社，2007：11-21（序言一）。

91 唐丰鹤.试论法律的内在观点[J].浙江学刊，2006,5：146-150。

92 傅乐安.托马斯·阿奎那基督教哲学[M]上海：上海人民出版社，1990：21。

　　我认为，说阿奎那的思想体系繁琐而杂乱是不公正的，评价历史人物及其思想不能脱离当时的历史语境，阿奎那在基督教神学教义受到外来思想（亚里士多德的思想当时是经由阿拉伯世界重新传入欧洲的）强烈冲击的情形下，挺身而出，迎难而上，可以说较为成功地化解了这一意识形态的危机。其在西方思想史上的地位，中国历史上唯有朱熹可与相比[93]。近代以来，中国学人对西方思想的吸收消化水平与之相较，可以说还有很多地方值得学习。改革开放打开国门，重新面临西方观念和思想的冲击，三十年来中国学术一直受到西方学术潮流的影响，彼热此亦热，彼冷此亦冷，一直亦步亦趋，无论"中体西用"还是"中体用西"都还停留在口号的层面，反证朱子与托马斯·阿奎那为不世出之人杰。如何以中化西，乃至将西方思想与我国固有之观念相调和，就中国哲学史而言，新儒家已经按照朱熹的方式作出了自己的努力，若就西方哲学史来看，托马斯·阿奎那的方式最值得借鉴。

　　不仅如此，阿奎那作为中世纪经验哲学的集大成者，在其著作中所熟练应用的"辩证法"式治学方法，也值得我们借鉴。阿奎那的写作都采取论题和论辩的形式，即按照"正题"、"反题"与"合题"的固定模式对每一个具体问题摆出正反两方面的观点，再予以综合，并对反方观点一一予以回应。个人以为，这一方式虽然繁琐，却有自身独特的价值，重要的不在于支持哪一方的结论，而在于支持某一观点时要对相反的看法予以回应和解答，对错不能由坚持来评断，也不能由多寡来投票，唯有依据理性的力量予以辩证，才是学术乃至社会健康发展之正途。这也是阿奎那执掌巴黎大学教席时，获得广泛肯定之所在，无论遇到何种诘难，都能平心静气、按部就班地予以辩驳，反倒是他的论敌经常扣帽子，挥动意识形态的大棒，利用学术以外的力量对其思想进行打压和禁止。这样的论辩，是基于理性而非意见和激情，不仅对学术研究，在社会争论日益热烈的今日，这种模式都有发挥其长处的空间。

　　阿奎那的神学法律思想体系，上通下达，内在融贯。这是他的优点，也是他的破绽。因为他的法律思想是以神学为基础的，如果一上来就否认他的

---

93 据唐逸先生介绍，有学者曾对托马斯与朱熹进行初步比较研究。二者皆吸取当时引入的外来思想，与传统体系进行大综合，进而创造新的体系。J.Percy Bruce,Chu Hsi and His Masters,London,1923.见唐逸.理性与信仰[M].桂林：广西师范大学出版社，2005：251.

神学观点，如上帝存在，那还有何研究价值可言，满纸呓语而已，但这并不意味着要研究阿奎那的思想就一定要有基督信仰。在托马斯·阿奎那的著作中，《圣经》和教父们（奥古斯丁）的话是当作权威论据使用的，虽然在分析问题时他严格地遵循了形式逻辑的要求，但是由于其大前提是超理性的（按照阿奎那的立场），被他轻易引用经典解决的问题在后人看来也许根本没有解决，中世纪哲学给人的烦琐之感即在于此，他的论辩只在他当时所在的语境中有效。为此，我们必须进入阿奎那的语境，看他如何运思，处理各种疑难，完成这一任务。我所引用的哈特关于内部视角是要求本人意识到自己有遵守规则的义务，而在研究阿奎那的法律思想时，我们并不需要走得这么远，我们无需承认上帝的存在，只需要承认上帝的存在对托马斯·阿奎那来说是有效的，没有必要在这一问题上多作纠缠，我们所要探究的，是阿奎那如何阐释上帝与法律的关系，以及在阐释中如何融合亚里士多德等各种非基督教的传统，质言之，我们所研究的，是托马斯·阿奎那如何对自然法思想进行洗礼的。

故而我们在研究中首先应小心避免的，是从外部进行批评的方式。其次更值得我们注意的，是按照今人的眼光，摘取阿奎那的只言片语，从而达到古为今用的效果，其典型即《阿奎那政治著作选》对《神学大全》所做的语录体的摘录，将令今人感兴趣的句子摘录出来（同时选择性地忽视相反的论断），而不管其在阿奎那的原文中处于何种地位，是否阿奎那本人的观点或者是否他的核心观点，结果是所摘录出来的部分脱离了阿奎那的语境组合在一起，形成了一个阿奎那自己都无法辨识的阿奎那的法学思想。以下结合《神学大全》中阿奎那关于法律的具体论述澄清这一问题的关键所在。

按照傅乐安先生的介绍，阿奎那的《神学大全》（Summa Theologica）采取当时流行的三段式。第一段，用 Videtur（或许）开场，列举几个相反的命题或论点作为本讲的疑问和诘难，第二段，根据当时辩论的格式，冠之以"但是，与此相反"（Sed contra），然后引经据典，提出作者自己在第三段中将要阐述的论点，其中或者摘录《圣经》和教父们的言论，或者援引亚里士多德的论述。第三段，以"我的解答"开头，阐发托马斯自己的观点和论点，提出自己的理论和论证，最后，在对第一段开讲时列出的疑难问题一一加以批驳或澄清，至此全条结束。因此之故，学者们在查阅和摘引托马斯·阿奎那的观点时，主要引用后面两段。有学者指出，这种方式的优点是层次分明，可是始终一二三四、甲乙丙丁，反反复复，重重叠叠，不能不令人厌烦。经院哲学之所以被称作烦琐哲学，这种论证方式也是原因之一。[94]

需要补充的是，以上介绍也有不够精确之处，Videtur 是拉丁文 Video 或 videro 的变格，都源于（videre）"看"，译为"或许"并不准确，意大利文版译为"sembra"，英文版译为"It would seem"，所以准确的译法应是"看上去"或"似乎"。

另外，阿奎那并非只在"与之相反"的部分才开始引经据典，他在第一部分以"看上去"引出反方观点时，也是引经据典的，如论法律的第一题的"看上去"的第一条就引用了保罗在《罗马书》中的一句话。说明这些反方观点在当时也是有影响的，而且是合乎逻辑地推导出来的。阿奎那在辩驳这些观点时，并不否定反方所引用的论据的权威，他所批评的只是反方对这些权威论据的不准确理解或推论，也就是说，他只说对方对这些论据的理解出了偏差，而不否定论据本身。所以他对这些论据的"正确"阐释也就构成了他的思想的一个部分。因此，如果学者们研究他的思想时只关注第二、三部分，难免失之偏颇。

我们不妨以论《神学大全》第 2 集上册第 99 题第 1 条为例。该条讨论的是"法律是否属于理性"，它的第一个反方意见，就引用了保罗的话"我发觉在我的肢体内，另有一条法律。"（《罗马书》7：23，思高本，下同）反方的推论过程是这样的："属于理性的不可能存在于肢体之中，因为理性不需要使用身体的器官（按：这是柏拉图与亚里士多德都认可的观点），因此法律不属于理性。"看起来似乎无懈可击，引用的都是托马斯不能否定的权威，也就是在他笔下无需指名道姓的两个人——使徒（保罗）和哲学家（亚里士多德）。我们再看一下阿奎那对这个难题的解决："法律是一种规则和尺度（regula et mensura），它以两种方式存在于一主体之中，首先在支配和衡量的意义上，它正是理性的任务，法律只有在理性之中才能以这种方式存在；其次是在被支配和被衡量的意义上，所有事物之中都存在法律，只要这些事物因某一法律被赋予某种趋向某一方面的倾向（inclinazione verso uno scopo），也就是在这个意义上，任何因某一法律而产生的倾向都可以称作法律，但并非在本质的意义上（non essenzialmente），而是在参与（per partecipazione）的意义上。因此，肢体中的邪欲倾向（l'inclinazione delle membra alla concupiscenza）也可以

---

94 傅乐安.托马斯·阿奎那基督教哲学[M]上海：上海人民出版社，1990：18-19。

被称作'肢体的律'（legge delle membra）。"[95]这种解释看似烦琐，却是阿奎那最常用的区分手法，通过区分就其自身和就参与的这两种意义，他与其说是驳斥不如说是化解了反方的论点，而通过区分的方式对词语的含义进行更细微的界定恰恰是阿奎那哲学的精妙所在，笔者移用中哲的术语称为"功夫即本体"，他的思想的复杂与微妙皆体现在他解决疑难的过程中，表现为区分和辩护的技巧。

阿奎那关于专制君主之法（tyrannical law）非法的一段著名的论述也常为学者引证，"专制君主的法律，因其并非出自理性，故而不是法律，毋宁说是法律的堕落或滥用（perversion of law）"[96]如果脱离上下文看这句话，仿佛阿奎那是一个反专制君主的斗士，如果将这段话放回他的语境之中再看，阿奎那的面目就迥然不同了。阿奎那说这段话时是在讨论法律的效力（Effects of Law）的章节下讨论法律是否为了让人变善（good），阿奎那论述的中心并非论证专制君主的法律不是法律，而是为了回答这个诘难，即有些法律是专制的，是专制君主为了自身的利益而非他的臣属的善制定的，所以他的目的不可能是为了实现人们的善。

阿奎那的这段话是在先承认专制君主的法律不是法律（就其不符合理性而言）的前提下，话锋一转，指出它（专制君主的法律）在某种程度上还是具有法律的本质的（so far as it is something in the nature of law），因为它的目的是让公民保持良好，就法律的本质在于上级对其下属所发出受到遵从的命令，这命令是为了让他们变好（to make them good），不过这不是在单纯的意义上，而是就其与具体的统治状态的关系而言。阿奎那区分了两种意义上的善，一种是为了共同的善，即与神圣的正义（Divine justice）一致的真正的善，如果立法者（lawgiver）的目的是为了共同的善，那么他的法律的效力就是单纯地让人变好，实现其美德；另一种则并非单纯的善，而是对立法者本身有用或为他所喜好（useful or pleasurable），甚至与神圣的正义相反，他的法律显然不会单纯地让人变好，但是就其有助于具体的统治状态而言，它依然是善的。在这个意义上，善可以存在于一切就其自身而言是坏的事物中：一个人可以被称为一个好强盗，因为他非常能干，善于达到自己的目标。[97]

---

95 Summa Theologica I-II,q90,1.
96 Ibid,q92,1.
97 Ibid,q92,1.

　　学者 Paul E.Sigmund 在其所编的《圣托马斯论政治与伦理》中就完整地摘引了整段话，即专制君主之法就其不符合理性而言，严格来说不是法律而是法律的堕落。但是，就其为了让公民变好而言依旧具有法律的特质（character），不过这只是就统治者让其下属遵守法律而言，这法律并非为了绝对的善而是相对于这个政权（regime）而言的善。[98]

　　由此可见，如果我们不从原著出发，就很可能曲解托马斯·阿奎那。如果要摘编，至少不能断章取义。比如，阿奎那说过，淫欲的冲动（impulse of sensuality）也具备法律的本质。[99]如果断章取义的话，那托马斯·阿奎那被封为圣人就真让人难以理解了。事实上，阿奎那还是为了解决保罗那段话——"但我觉得肢体中另有个律和我心中的律交战"（《罗马书》7：23）——带来的疑问，既然保罗说淫欲也是一个律，即使阿奎那认为不是出自理性的就不是法律也不能说保罗错了，阿奎那的解释是，法律就其本质而言，是存在于统治和支配者之中；但是也以参与（participation）的方式存在于被统治和支配者之中。所以在受法律约束的事物中的所有倾向或规定（ordination）都可以在参与的意义上被称为法律。而所有受法律统治者会因立法者的法律产生两种倾向，一种是直接地趋向于某物，有时不同的主体受制于于不同的法令，在这个意义上我们可以说有军事法和商法；另一种是间接的，即由于立法者剥夺了被统治者的某种尊严，让后者受制于另一法律，进入另一种秩序，比如一个士兵被赶出军队，他就受制于民商法而不再受军事法的管理。同样的，在上帝的统治之下，不同的造物具备不同的自然倾向，对某一类来说是法律的，对另一类来说则是非法。比如说，凶猛在特定意义上是（上帝为）狗（设定）的法律，对绵羊和其它温顺动物而言，凶猛则是违背了上帝为它们设定的法律。而根据上帝为人设定的法律，他的行为应当符合理性，但是这一律法在人的原初状态是非常有效的，以至于没有任何偏离或违背理性之事能够逃脱人的省察。但是当人背弃了上帝（turned his back on God），他就受制于淫欲的控制，这种情形存在于每一个体身上，他越是偏离理性，越是接近于只受欲望冲动控制的野兽，"人在尊贵中不醒悟，就如死亡的畜类一样。"（英国多米尼克修会神父版标记为圣咏集 48：21，是按照拉丁通行本的篇数，对应思高本为 49：21。）故而这由淫欲而生的倾向被称作"诱因"（拉丁文 fomitis，

98　Paul E.Sigmund.St.Thomas Aquinas on politics and ethics[M]London：W.W.Norton & Company Inc,1988：48.

99　Summa Theologica,I-II,q91.6.

意大利文 fomite，英文 fomes），在其它动物身上因为它造成了直接的倾向，可以称为具有法律的本质（对这些事物而言可称为法），但是对人来说，它不能在造成直接倾向的意义上被称为法，它是对（上帝为人所设立的）理性的法的偏离。但是因为人失去原初的正义，他的理性失去力量，通过上帝的公正审判，淫欲的冲动是上帝的神圣法律剥夺人应有的尊严而给予的一种惩罚，在这个意义上可以说欲望的冲动具有法的本质。[100] 阿奎那指出，淫欲的冲动对于其它动物来说，是为了它们的共同的善，即保存种类和个体的本性。但是对人来说，只有当这冲动服从理性时才是成立的。

从以上烦琐的论证不难看出，阿奎那的思想决不能断章取义地理解和发挥，必须在其原文的语境中才能得到如实的认识。顺便指出，英文版的 Objection 3 处有一个小错误，最后一句 "therefore the fomes has not the nature of sin." [101] 的 sin 应为 law，否则不可解，对照拉丁文版和意大利文版，此处都是 law 的对应词 legis 和 legge。

综上所述，笔者以为，不可通过将只言片语组合在一起的方式去整理归纳出一个让现代读者不那么陌生的阿奎那的自然法思想，应当回到原文，进入阿奎那的语境，进入他所讨论的问题，才能还托马斯·阿奎那以本来面目。由于托马斯·阿奎那本人的神学家背景，站在他的体系之外对他进行批评是非常容易的，更有学术意义的做法，是在他的神哲学思想体系之内找出内在的联系，从而不仅加深对他本人思想的理解，进而可以提供理解思想史衍变的新的视角，这是笔者在本文中所努力的方向。

第二节　托马斯·阿奎那关于法的本质的定义

尽管对其思想本身的评价可能有所差异，但思想史的研究者们公认托马斯·阿奎那是天主教关于自然法最杰出的理论家。尽管自然法不是基督教的传统，但是托马斯·阿奎那对自然法所作的系统阐释，使他成为基督教在这一领域的的主要发言人。对中世纪法律思想颇有研究的当代学者克劳斯特（A.H.Chroust）也说，"圣托马斯·阿奎那的法律哲学是基督教、希腊哲学和罗马法的融合，他关于法律与正义的观点，关于法律与道德的关系的观点以及把法律与超越法律的绝对标准联系起来的观点，均为西方法学理论的不朽

---

100 Ibid,q91.6.
101 Ibid,q91.6.

遗产。"[102]林庆华先生指出，这些断言充分表明了托马斯·阿奎那自然法理论的重要历史地位，它不仅是基督教信仰、希腊哲学的理性主义和罗马法律精神的一次大综合，而且是西方基督宗教、道德哲学、法律哲学和政治哲学的宝贵遗产。[103]

需要说明的是，就自然法论自然法是不可能的，自然法思想最核心的议题就是自然法跟实在法（人定法）的关系，近现代的自然法学家莫不如此。而作为天主教神学家的托马斯·阿奎那所阐释的自然法，还牵涉到跟永恒法、神法的关系，因此，他的自然法思想是融贯于他的整个法律思想体系之中的，再加上他独特的经院哲学的阐述方式，令我们必须回到原文才能了解他的真意。

有学者说阿奎那"用下述四种法律赅括了支配宇宙秩序和社会秩序的法律：（一）神的成文法，即《圣经》；（二）神的自然法，即'神的理性本身'；（三）人的自然法，即'神的法律在人类理性中的反映'；（四）人的成文法，即'对自然法的确认'"。[104]这样的概括是不准确的，首先"神的自然法"的说法不够严谨；其次，人的成文法也不仅仅是"对自然法的确认"；最后，支配宇宙秩序与社会秩序的只是"永恒法"，即所谓"神的自然法"，人的自然法（这个说法本身就不确切）和人的成文法乃至神的成文法都不支配宇宙秩序。

也有学者认为，虽然表面上阿奎那将法律分成四类，但由于阿奎那所说的神法基本上固定在圣经上，因此，阿奎那所认为的宇宙之法基本呈现为永恒法、自然法及人法三者及其之间的关系。并且认为，这三者之间的关系即：自然法派生于永恒法，是规范人类行为的基本原则。人法的依据是自然法，永恒法是从神的角度而言，指神管理万物所根据的理性，自然法是以人性为根据的道德律，协助人完成人的"本性"的目的，神法是神藉圣经而启示的法律，是针对人的，旨在协助人完成人"超性"的目的，而其实质还是永恒法。[105]

与之类似的，有学者说："托马斯认为法有永恒法、自然法、人法三类。"[106]这看上去似乎漏掉了对阿奎那来说颇为重要的神法，但实际上是将神法等

102 转引自林庆华.托马斯·阿奎那基督教自然法理论研究[D].上海：复旦大学，2002：1。

103 林庆华.托马斯·阿奎那基督教自然法理论研究[D].上海：复旦大学，2002：1。

104 [意大利]托马斯·阿奎那（马清槐译）.阿奎那政治著作选[M]北京：商务印书馆2009：9（序言）。

105 刘素民.托马斯·阿奎那自然法思想研究[M].北京：人民出版社，2007：103.

106 唐逸.理性与信仰[M]桂林：广西师范大学出版社，2005：265.

同于永恒法，"万物的主宰是上帝，其治理便是神法或永恒法。"严格说来，这两者是有区别的。除此之外，关于阿奎那法律思想的其它论述都颇为精当，如"世界是上帝的受造物，受上帝理性制约，即永恒法。"[107]"自然法（lex naturalis）并非自然规律，而是理性反省人类本性而颁发的律令。"[108]"万物参与永恒法（被统治的含义之一即参与统治者的法），按照各自的本性朝既定目的运作。人类是理性动物，以其理性（神之光的印迹）分有永恒法。人类理性的第一对象是存在，正如思辨理性的初始原则是矛盾律（以存在不存在为基础），实践理性的初始原则是善（存在的目的）。永恒法使人类具有朝向终极目的而发展其潜能的天然倾向，理性对此自省而颁发的道德律令，即自然法。也可以说，自然法是实践理性所规定的具有普遍意义的道德原则。自然法的基本原则是：趋善避恶（Bonum est faciednum et prosequendum, et malum vitandum）。其他基本原则由此导出，即自我保存，养育后代，求真理求幸福。"[109]阿奎那认为国家的权力最终来自上帝，但君主的权力并非由上帝直接授予，而是上帝经由人民，授权给君主。君主代表人民，仅在代表人民时才有司法的权力。在自然法与人法的关系上，人法源于自然法，凡违背自然法的人法不成其为法律（人民没有义务遵守）。自然法通过两种方式成为人法的基础：第一，由自然法的原则演绎为法律条文，这样的法律具有自然法的效力。第二，将自然法的原则应用于社会问题而订立的法律，这些法律仅具有人类法的效力。[110]"阿奎那的政治哲学是亚里士多德政治思想与基督教思想的结合，他的自然法思想是古代自然法学说与近代自然法理论之间的重要环节。直至近代，自然法理论对政治哲学和实践仍有影响（如美国和德国的宪法）。"[111]

　　笔者以为，这种介绍诚然必要，但却忽略了阿奎那思想中细致和微妙的部分，让人难以把握阿奎那思想的神髓，要全面把握阿奎那的法律思想，必须回到他的原文。

　　阿奎那关于法律的思想主要见于《神学大全》中讨论法律的部分（treatise on law）。他首先讨论的是法律的本质（la natura della legge），他指出，法律是

---

107 同上，266.

108 同上.

109 Summa theologica，2.1.90-94.2.

110 唐逸.理性与信仰[M].桂林：广西师范大学出版社，2005：266-267.

111 同上，267.

作为关于行为的外部原则来考虑的。引导人趋向恶的外部原则是魔鬼（il demonio），引导人趋向善的外在原则是上帝。上帝用他的律法指示我们，并用他的恩典来帮助我们。[112]所以神学大全第二集的上册用了19题（q90-108）讨论法律之后，又用6题（q109-114）讨论完恩典（grace）才告结束。

　　"法是行为的法则与尺度，使人行动或限制其行动；因为 lex 源于 ligare（to bind），约束人的行为。"[113]学者们常常引用托马斯·阿奎那的这段话作为他对法律的定义[114]，但有意无意间却忽略了他给出这一定义的理由以及他论证的过程。如果只是摘引观点，那么一部西方法律思想史就成了观点汇编，让人茫然不知其所从来。查阅神学大全的原文，这段话的完整版本是"法是行为的规则与尺度，指引或限制人的行动，因为法（lex）源于捆绑（ligando），[115]它强制人的行为。如前所述，理性作为人的行为的第一原因，是人的行为的规则与尺度。正如哲学家（亚历士多德）所说（《物理学》第二章），理性决定目的，而目的是实践领域（campo operativo）的第一原因。从另一方面，在任一种类的事物之中，它的原因就是该类事物的规则和尺度。例如整体（l'unità）之于所有的数，第一动力之于所有的运动。因此法律是属于理性的。"[116]从上述引文可以看出，在这段文字中，阿奎那的论述重点并不是法律是约束行为的规则和尺度，在他的整个论证中，这只是他的引子，他的目的是要说明法律属于理性，这才是这一条的争论核心。将这句话作为阿奎那关于法律的主要观点予以介绍，是不太严谨的。关于法律是约束人的行为的观点，并不是阿奎那的创见，正如关于上帝存在的五种证明方式也不过是他从前人那里继承得来而已，并非他的专利，给这些问题挂上托马斯的招牌很容易让我们忽略阿奎那思想的本来面目，而把那些他当作共识的东西当作他特有的思想进行研究。如果用这样的方法对他进行研究，只怕最后描绘出的阿奎那的面目连他本人也不认得。

---

112 Summa Theologica I-II,q90.

113 Ibid, q90.1.

114 .理性与信仰[M].桂林：广西师范大学出版社，2005：265.

115 托马斯·阿奎那在原文中用的是 ligando，即 ligare 的现在分词。原文为"dicitur enim lex a ligando"，大多数学者征引的都是英文版，英文版在翻译过程中直接给出了 ligando 的动词原形 ligare 并给出释义，而意大利文版则直接用了意大利语捆绑的动词原形 legare。

116 Summa Theologica,I-II,q90.1.

在讨论颁布（promulgation）是否是法律的本质特征时，阿奎那还说了一句罕见学者引用的话，即法律（拉丁文 Lex，意大利语 legge，英文 law）源于阅读（拉丁文 legere，意大利文 leggere，英文 read），因为它是写下来的。托马斯·阿奎那在此引用该句是为了反驳以下疑难："法律的约束力一直延伸到未来，而颁布只涉及在场的人，所以颁布并非法律的本质特征。"[117]他反驳的理由如下：现在颁布所产生的效力之所以能延伸到未来是因为书写所具有的持久性特征，故而能带来持续颁布的效果。[118]为了论证书写与法律的关系，他征引了上述这句话，证明法律与书写的密切关系。迄今为止，尚未看到有学者引用这句话作为托马斯·阿奎那法律思想的核心观点，尽管这两句看上去很有词源学味道的话在托马斯·阿奎那的论证中地位是类似的，但实际上它们都只不过是作为论据使用，并非他的核心论点。

阿奎那在第 90 题中最后得出的关于法的本质的结论是：法是为了共同的善（译为共同利益是不准确的）由负责管理共同体的主体所颁布的理性命令（the definition of law may be gathered;and it is nothing else than an ordinance of reason for the common good, made by him who has the care of the community,and promulgated）。有人译为"法无非是理智的一种命令，它是关心社会团体的人为了共同利益而颁布的。"[119]也有学者译为""由管理社会的人，为公义而制定和颁布的理性的条例"，[120]也有学者译为"为了公共利益而由负责者颁布的理智命令"并将之作为人法的定义，[121]这一做法最早可以追溯到《阿奎那政治著作选》的中译，"它不外乎是对于种种有关公共幸福的事项的合理安排，由任何负有管理社会之责的人予以公布。"[122] 这个"的人"就把法律的定义锁定为人法了，因为其它三种法都不是人颁布的，但是这个"人"其实非常值得研究。我们参照一下拉丁文和意大利文版就可以知道其中的问题所在，《神学大全》意大利文是这样的表述的：Ecco allora che dalle quattro cose suddette si può raccogliere la definizione della legge, la quale

117 Summa Theologica,I-II,q90,4.

118 Ibid,q90,4.

119 傅乐安.托马斯·阿奎那基督教哲学[M]上海：上海人民出版社，1990：186。

120 .理性与信仰[M].桂林：广西师范大学出版社，2005：265.

121 刘素民.托马斯·阿奎那自然法思想研究[M]..北京：人民出版社，2007：102。

122 [意大利]托马斯·阿奎那（马清槐译）.阿奎那政治著作选[M]北京：商务印书馆，2009：109。

altro non è che un comando della ragione ordinato al bene comune, promulgato da chi è incaricato di una collettività. 拉丁文为：Et sic ex quatuor praedictis potest colligi definitio legis, quae nihil est aliud quam quaedam rationis ordinatio ad bonum commune, ab eo qui curam communitatis habet, promulgata.）这里的 da chi 和 ab eo qui 直译为英文是 from whom that，将 whom 译为 "者" 是很恰当的，英文里用了个 him，中文译为 "人" 会把它的外延缩小，关于 him 可指代上帝的例证见后文。在剑桥大学组织翻译的《神学大全》的拉英对照版中，该定义被表述为 "an ordinance of reason for the common good made by the authority who has care of the community and promulgated." [123]此处用的是 authority 即权威而非人。

依据该定义所处的篇章结构中的位置，有理由认为这是托马斯·阿奎那关于法律的一般定义，这四大特征是适用于所有法律（包括神法和自然法）的，因为该定义是在 "论法的要素/本质"（of the essence of law）或论法的构成要素（意大利文 Costitutivi essenziali della legge）条目下的。在讨论完这四个要素之后，下一个条目才开始讨论各种法（of the various kinds of law），也就是说，在这之前，他讨论的是关于法的一般性的定义和要素。同样是依据多米尼克修会版的英译本，阿奎那研究专家 Annabel S.Brett 在引用该句作为法律的定义之后接着指出，"最初的法律就是作为万物的君主或主人的上帝的永恒法，这一法律无非就是指导万物趋向为其所定之目的或善的上帝的理性。"（the primary law is the eternal law of God, the sovereign or lord of all things, and this law is nothing other than God's reason in its aspect as directing all things to their appointed end or good.）"人是按照上帝的形象造的，就其凭借理性和选择能够指导自身的行为而言，自然地是他们自身的君主。对上帝的（对整个宇宙的）理性指导的参与就是自然地存在于他们之中的法，即自然法。" [124]而对人法的定义也是遵循关于法的本质的定义的模式，即 "政治的统治者为了政治共同体的共同善而颁布的法律"（the law promulgated by the political sovereign for the common good of the political community）。[125]

---

123 Summa Theologiae English & Latin（Volume28 Law and political theory）[M] Cambridge,New York：Cambridge University Press,2006：17.

124 A.S.Mcgrade.The Cambridge Companion to Medieval Philosophy[M]Cambridge：Cambridge University Press,2003：283.

125 Ibid.284.

沃格林则明确指出，"该定义之所以重要，是由于它听起来像是实定法的定义，但实际上意在成为对上面所提到四种法的本质的定义。"[126]然而中译者依然将法律的定义译为"理性的命令，目的是为了共善，由照管共同体的人制定，并在共同体中颁布"，[127]这里"共善"和"共同体"的翻译都足可称道，但可惜的是依然将主体翻译为"人"，尽管沃格林已指出"需要将这一本体论命题与类比理论（宇宙中的上帝，共同体中的君主）相结合"，[128]顺便指出，译者将"anima intellectiva"（理智灵魂）译为"动物性理智"显然也对阿奎那灵魂思想缺乏了解。[129]而这一关于人的规定对于阿奎那的自然法来说是非常重要的。

在阿奎那的原文中我们还可以找到反证。例如在讨论颁布是否法的本质特征时阿奎那指出，自然法并非不需要颁布，而是以上帝将其嵌入人们的意识之中的方式颁布的，故而他们自然地就能明了自然法的内容。[130]故而自然法也符合这一定义。在接下来讨论是否存在永恒法时，颁布作为法律的基本特征已经被反方作为论据来使用，即所有的法律都是颁布的，但颁布这一过程本身不可能出自永恒，因为不存在一个接受者可以在永恒中被颁布法律。托马斯的回答同样使用了区分技术，即区分了颁布者和接收者。颁布有两种方式：言辞或书写，永恒法是经这两种方式颁布的，表现为上帝的道和生命之书（Book of Life）的书写都是永恒的。就上帝作为永恒法的颁布者这一面来说，这颁布是永恒的，而就作为倾听和阅读永恒法的被造者这一面来说，颁布不是永恒的。[131]由此可见，不仅自然法，连永恒法也符合颁布这一要件。如果说颁布仅仅只是人法的定义的话，那么这个疑难就显得没有必要，因为只有在永恒法和自然法也属于法律的前提下，才能依据法律的一般定义对神法或自然法提出质疑——它们如何颁布，向谁颁布？如果颁布只是人定法的本质或要素，那么依据人定法的本质来质疑神法或自然法这些在阿奎那的法律体系中与人定法并列的概念，就是不合逻辑的。

---

126 沃格林（叶颖译）.政治观念史稿·卷二[M].上海：华东师范大学出版社，2009：246.

127 同上，245-246.

128 同上，2009：245.

129 同上，2009：248.

130 Summa Theologica,I-II,q90,4.

131 Ibid,q91,1.

　　综上所述，托马斯·阿奎那在关于法律本质/要素的论题中所给出的这一定义应当是适用所有法律的一般定义，而非仅仅是关于人法的。所以将其翻译为由负管理之责"的人"或将其视为人法的定义都是不准确的。

　　但是这样我们会遇到新的质疑，即在第90题的第3条中阿奎那提到"法律的公布乃是整个社会或负有保护公共幸福之责的政治人的事情。这里像其他任何情况一样，公布目的的人也就是公布用以达到目的的手段的人"以及"强迫的力量不是属于整个社会，便是属于代表社会的负惩罚之责的官吏，所以，只是他才有制定法律的权利。"[132]（原文如此，颁布法律之权应为权力而非权利）如果这些论断成立的话，那么这一定义就不能作为关于法律的一般定义，因为的确这里已经明确地说是"政治人"和"官吏"。

　　按照阿奎那的习惯，在论证自己的主张时，不仅要举出有利于己方的观点，还要化解或反驳反方的观点才算是一个完整的论证。笔者试图模仿阿奎那的方式来解决这一质疑。

　　这一质疑可以从以下两个方面得到解答。第一，从该条的主题看，它讨论的是"是否任何一个人的理性足以制定法律"（Whether the reason of any man is competent to make laws），在此他的论述重心不在于"谁有颁布法律的权利"[133]而在于反驳个人的理性足以胜任制定法律，即是否任何人都可以制定法律（Thomas Gilby O.P.在《神学大全》拉英对照版中直接译为 Can Any Person Make Law?[134]）因此他指出，制定法律之权力要么属于全体人民（whole people），要么属于对全体人民负有照看之责的公共人格（public personage），也有学者直接译为公共人物（public figure[135]）因为像在其它任何事务中一样，指导事物趋向某一目的总是关乎这一目的所从属者（the directing of anything to the end concerns him to whom the end belongs）。如果根据意大利文直译，则为"确定目的的权力总是属于确定目的为合适者"（Poiché ordinare al fine spetta sempre a colui che riguarda codesto fine come proprio.）[136]所以阿奎那此处并非

132　[意大利]托马斯·阿奎那（马清槐译）.阿奎那政治著作选[M]北京：商务印书馆，2009：108.

133　这是《阿奎那政治著作选》的编者们所加的标题，同上108.

134　Summa Theologiae English & Latin（Volume28 Law and political theory）[M] Cambridge,New York：Cambridge University Press,2006：15.

135　Paul E.Sigmund.St.Thomas Aquinas on politics and ethics[M]London：W.W.Norton & Company Inc,1988：44.

136　Summa Theologica,I-II,q90,3.

罗列所有具有法律制定权之主体，只是为了反驳个人的理性足以制定法律这一错误看法，他的论述的重心在于个人的理性不足以制定法律，（就人法而言）全体人民或对人民负有照看之责的公共人格才能制定法律。

其次，本条的第一个疑难，引用保罗的说法为依据，"没有法律的外邦人，顺着本性去行法律上的事，他们虽然没有法律，但自己对自己就是法律。"（《罗马书》2：14）又用保罗接下来的话作为解答"如此证明法律的精华已刻在他们的心上。"（《罗马书》2：15）而这一章讲的是"异民和选民都要受天主公正的审判"，[137]按照阿奎那所继承的基督教传统，将法律的精华刻在外邦人心上的正是天主，并且既然是刻在心上的当然不是人定法而是自然法。阿奎那在区分了支配和被支配的意义上的法律之后，指出外邦人就其参与立法者的命令/秩序的意义上（in quanto partecipa l'ordine da un dato legislatore/in so far as he shares the direction that he receives from one who rules him）自己对自己就是法律。这统治他的不是人法的制定者，因为前文已经说了没有法律的外邦人，也就是没有人法可言，只能是将法律的精华刻在他们的心上的天主，在英译中不仅用 him 指代了上帝，而且这指导（direction）正是来自上帝。

第三节 永恒法

对阿奎那的永恒法思想，学者们通常会引用《神学大全》中的原文："永恒法"是"在上帝，宇宙之主的身上，掌管万物的理性"，或是"指导一切行为和活动的上帝神圣智慧（Divine Wisdom）的计划"，[138]"上帝的理性不能从时间中有所认识，而是有着永恒的概念，因此，这种法律应该被称为永恒的。"[139]

有学者作了更为系统和简明易懂的阐释："上帝如同一个艺术家（artificer）或管理员（governor），在宇宙存在之先，已经设计了一个创作计划，拟定了实现计划的方法。或者说，上帝在超时空的永恒中计划了宇宙的蓝图，并规定了万物的本性。上帝的工程计划是工程师的典型观念，管理属下行为的法律于是就有了法律的意义。宇宙是上帝的工程，上帝是宇宙的创造者，同时也是受造物的一切行为和活动的管理者。宇宙的出现意味着上帝

---

137 《圣经》（思高版）对罗马书 2：12-16 所加概括。
138 Ibid,q93,1.
139 Ibid,q91,1.

计划的实施，宇宙间万事万物如此有条不紊、有目的地运转，就是上帝所拟定的方法的具体实施。阿奎那认为，从创造的观点来看，上帝的神圣智慧是宇宙的观念；从管理的观点来看，上帝引领万物走向目的的上智具有法律的意义。[140]所以，万事万物无论自觉与否，无不在遵循上帝的计划和规定，从而实现各自的本性，也就是说，'人性'这个概念在上帝的创造计划中是一个永恒的概念。因此，任何人都无法逃脱、无法抗拒地按照自己本性的需要发展和完善自己。这就是上帝永恒计划的实现。上帝的理智本身就是'永恒法'，'永恒法'是指导一切行动和运动的上帝的智慧。[141]'永恒法'是一切法律的基础。"[142]

按照这样的描述，托马斯·阿奎那的法律思想似乎是一堆教条的集合。实际上，正如前文所说，阿奎那的思想是纷繁芜杂的，他的表述是论战式的，上文所归纳的他的思想，是零星散见于各个论题之中的，难免看上去不成体系，缺乏逻辑联系。要准确地完整地理解阿奎那的思想，最好的方法还是按照他的体系，在解决具体疑问的过程中体会他的哲学精神。

阿奎那首先讨论了有没有永恒法。根据基督教的神学信条，世界由上帝（Divine Providence）支配，整个宇宙都由他统治，就上帝作为宇宙的掌管者对万物进行的统治而言，符合法律的本质（一个共同体的统治者运用其实践理性所作的命令）。而上帝对万物的概念是超越于时间的，所以它是永恒的，故而这种法律被称作永恒法。如前所述由于阿奎那的论述都是以三段论的方式在辩驳之中表达的，我们不能只注意他的结论，对他在反驳中所运用的观点也应加以注意。对于永恒法的诘难有三条，一是永恒法缺乏对象，法律总是加于某个对象之上，只有上帝是永恒的，即不存在一个永恒的对象可以为永恒法所统治；二是永恒法如何颁布，因为凡颁布者就有开始，故而不是永恒；三是法律意味着为了某种目的而造就的秩序（A law implies order to an end），但凡是指向目的的就不可能永恒，因为最终的目的自身即永恒，故而没有法律是永恒的。阿奎那对颁布问题的解决之前已有论及，不再重复；对于永恒法的对象的问题，他又一次运用了区分的技术，永恒法所统治的对象就其自身而言（in themselves）当然不能说是永恒的，但是在与上帝同在的意义上，即存在于上帝的预知和预定之中，"叫那不存在的成为存在的"（《罗马书》4:

---

140 Ibid.
141 Ibid,q93,1,2.
142 刘素民.托马斯·阿奎那自然法思想研究[M]..北京：人民出版社，2007：93-94。

17)，上帝对万物的统治都为其预知和预定（foreknown and preordained），他关于神圣法的概念是永恒的，称之为永恒法也就理所当然。[143]

关于法律作为实现目的之秩序的问题，阿奎那区分了两种情况，一种是消极的（passively），即立法者的目的在其自身之外，他的法律是为了这一外在目的而制定的；一种是积极地（actively），上帝的永恒法的目的并不在上帝之外，它的目的就是上帝本身，所以永恒法就存在于上帝之中，它并不是为了其它的目的而制定的。应当承认，如果抛开阿奎那的这些神学前设，他的思辨对我们来说是没有任何意义的，以至于西方哲学史界一直争论究竟有没有基督教哲学这回事。[144] 尽管如此，如果抛开这些神学辩论，又无从认识阿奎那自然法思想的本来面目。我们必须承认，这些辩论只有在阿奎那的语境中才是有意义的，而且是非常重要的，因为一个理论体系要达到自洽，就要化解因其本身概念之间的冲突而导致的问题，阿奎那所要解决的疑难都是属于"以子之矛，攻子之盾"型的，为此他不断地对概念进行细微的区分，如果要站在他的体系之外谴责他，尽可以说他是在偷换概念甚至诡辩，笔者刚开始阅读《神学大全》的相关章节时，也有"上帝是个筐，什么都能往里装"的感觉，一切疑问只要搬出上帝就不是问题。但是随着时间的推移，逐渐能够欣赏阿奎那在解决这些疑难时所使用的方法和技巧。故而提出，阿奎那思想的精华不在于宣布永恒法即"上帝对于创造物的合理领导"[145] 的存在，而在这些看似烦琐的神学辩论之中所使用的哲学思辨。

在肯定了有永恒法之后，阿奎那讨论了六个问题：（1）永恒法是什么？（2）是否所有人都知道永恒法？（3）是否所有的法律都源于它？（4）是否必然之物受制于永恒法？（5）自然的偶然之物是否受制于永恒法？（6）是否一切人类事物都受制于永恒法？这些问题的答案大多是肯定的，偶尔也有例外。但是阿奎那思想的精髓不在于答案的是和否，而在于他论证的过程和方法，因为不论是或否，如果不在阿奎那仔细辨析的意义上理解，就不成其为阿奎那的思想。

---

143 Summa Theologica,I-II,q91,1.

144 See Gilson.The Spirit of Mediaeval Philosophy[M]. Notre Dame ：University of Notre Dame Press,1991：1-19.

145 [意大利]托马斯·阿奎那（马清槐译）.阿奎那政治著作选[M]北京：商务印书馆，2009：109。

　　第一个问题实际上表述为永恒法是否即存在于上帝之中的至高理性（Se la legge eterna sia la ragione suprema esistente in Dio），但是英译本将拉丁文的 Ratio Summa（至高理性）译为 "sovereign type[Ratio]"，可能考虑到下文中奥古斯丁的话中"上帝按照各物的类型创造它们"（quod Deus singula fecit propriis rationibus），如果译为按照各物的理性创造它们不好理解，但实际上原文就是如此，意大利文版的神学大全也直接译为 "Dio creò ogni cosa secondo la ragione di ciascuna"。英文版为免误解，又加了括号，标明此处 type 是指 Ratio（理性）。因为该题的第一个疑问就是，既然永恒法是独一的，但是奥古斯丁又说，上帝是按照各自的理性创造万物的，故而在上帝的意识之中，关于万物的理性是众多的，那么上帝意识中的理性与永恒法就不是同一的。阿奎那的回答是，奥古斯丁所讨论的是每一个体事物的本性，万物就其自身的本性和相互关系而言是众多的，而法律的目标是为了共同的善，在神圣法的指导下万物构成了一个整体，所有的行为朝向一个共同的善。就其构成这个秩序的理性或基础而言，永恒法是独一的。[146]

　　阿奎那指出，正如每一个工匠在制造自己的作品之前心中都有如何制造的技艺（意大利文版将 Ratio 直接译为 "la tecnica" 即"技艺"比英文版译为 a type of the things 要容易理解），同样在每一个统治者心中都有一个秩序的原则，构成受其支配者的行为所应完成的目标。正如制作作品的技艺可以被称为所制作的产品的原型或艺术，统治者支配其臣属行为的原则也就具有法律的本质。上帝作为万物的创造者，就如同工匠作为其作品的制造者那样，不仅如此，他的所有造物的行为和运动都在他的统治之下，他的神圣智慧，不仅是万物得以被造的原因，而且还指导它们趋向各自的正当目的（due end），就具有了法律的本质。正是在这个意义上，阿奎那说："永恒法无非是指导一切行为和活动的上帝神圣智慧的计划。"

　　从以上论证可以看出，称上帝为艺术家[147]或管理员是有问题的，准确的译法应该是工匠（artificer）和统治者（governor），说成工程师过于现代化了。阿奎那只是在类比的意义上将工匠与作品的关系比作上帝与万物的关系而已，事实上，上帝之于万物的关系不是工匠或统治者，而是远远地超过了工

---

146 Summa Theologica,I-II,q93,1.

147 [意大利]托马斯·阿奎那（马清槐译）.阿奎那政治著作选[M]北京：商务印书馆 2009：114。

匠和统治者[148]，他不仅（如工匠）创造它们还（如统治者）管理和指导它们，更是它们的归宿。

第二个问题是永恒法是否为一切人所知晓。关于这个问题，有三个疑难：一是使徒（保罗）说过"除了神的灵，也没有人知道神的事"（《哥林多前书》2：11），永恒法是存在于上帝之中的至高理性，因此除了上帝无人能够知晓。二是奥古斯丁说过永恒法是万物得以有序之故，而这是人所不知的，所以人不知晓永恒法。三是奥古斯丁说永恒法不受人的判断的影响，而哲学家（亚里士多德）说任何人都能对他知晓的事情作出良好的判断。因此永恒法是人所不知的。[149]

与之相反，奥古斯丁说永恒法的知识是铭刻于我们心中的。阿奎那的回答是，一物为人所知有两种方式，一是就其自身（in itself），二是通过它的作用（in its effect），从而发现某种相似（likeness）。人们也许无法直接认识太阳的本质，但是通过太阳发出的光线，可以知道它的存在。诚然除了那些受祝福的（beato）可以直接见到上帝本质的人之外，没有人能够知晓永恒法。所以永恒法就其自身是无法被认识的，但是理性的被造物[150]通过它或多或少（greater or less）的反映（reflection）[151]可以知道它。一切关于真理的知识都是一种对永恒法的反映和参与（participation）。所以仅就自然法的基本原则而言，所有人对于永恒法都有一定程度的了解，而在其它方面，他们对这一真理的认知有的多些，有的少些，因而对于永恒法的认知也有多少之分。[152]

关于第一个疑难，阿奎那说，对于上帝的事情，我们不能就其自身了解它，而是通过它们的作用而认知其存在。"虽然眼不能见，但藉着所造之物就可以晓得"（《罗马书》1：20）。关于第二个疑难，人的确通过自己的能力对永恒法有所了解，但是凭着它的作用是不可能对它有完美的认知的。通过前述的方式，人对永恒法有所了解，但不是全部的完整的了解。关于第三个疑难，阿奎那区分了判断的两种含义，一是认知的功能对其对象的判断，如耳

---

148 黑体为笔者所加。

149 Summa Theologica,I-II,q93,2.

150 此处刘素民博士译为"一切具有理性的创造物"。见刘素民.托马斯·阿奎那自然法思想研究[M]..北京：人民出版社，2007：94。

151 此处刘素民博士译为"通过其大大小小的表现"，同上。

152 Summa Theologica,I-II,q93,2.

朵判断言语和舌头分辨味道，亚里士多德正是在这个意义上说任何人都能判断他所知晓的东西；另一种则是上位者对从属者的实际判断，即从属者应当这样或否，在这个意义上没有人能够判断永恒法。[153]

笔者按：在《阿奎那政治著作选》中，这一条被忽略了，因为这看起来似乎跟法律无关，该书选编的重心在自然法和人法上，但是如果不了解阿奎那的神哲学思想，能够对他的法学思想有正确的了解甚至批评么？在哲学界对阿奎那的介绍中，这一条被简要地作了介绍，然后总结为"永恒法是必然存在的，永恒法是可以认识的"。[154]这样的介绍有简化之嫌，阿奎那的原意如果要完整地表述的话，是说除了受祝福的少数之外，人们对永恒法的了解不是直接的，而是通过参与的方式凭藉它的作用而得到的不完全的认识，而且因个人的不同而有差异，并且人是不能判断永恒法的。

第三个问题是是否一切法皆源于永恒法。疑问有三：一是既然有污染的法（law of the fomes），并非源于永恒法，如使徒（保罗）所说，"不能服从神的律法"（《罗马书》8：7），因此并非所有法律皆源于永恒法。二是任何不公正的事都不可能源于永恒法，因为永恒法是使万物皆得其所，而很多法律是不公正的，因此不是所有法律都源于永恒法。三是奥古斯丁说，统治人民的法律所正当地允许的事在上帝面前要受到惩罚。因此即使是好的法律也未必源于永恒法。[155]

与之相反，上帝说："帝王藉我坐国位；君主藉我定公平。"（《箴言》8：15）而上帝的神圣智慧即是永恒法，故而一切法由永恒法而来。[156]

阿奎那的回答是，法律表现为指导行为趋向目的的一种计划。只要存在互相联系的运动者，第二推动者的动力必然来自于第一推动者，因为第二推动者若不受到外力的作用绝不会自己运动。在统治中也有类似的情况，下级统治者的统治计划总是源于最高统治者（the governor in chief），一国之内，君主的命令总是通过他的下级的管理来实现；在制造业中，大匠师（the chief craftsman）的技艺（art）通过工匠们（under-crafs-men）的手来完成制造某物的计划。既然永恒法是最高统治者（Chief Governor）的统治计划，那么所有的下层统治者的计划都是源于它，但这些计划都不同于永恒法。这些法就其

153 Ibid.

154 傅乐安.托马斯·阿奎那基督教哲学[M]上海：上海人民出版社，1990：189。

155 Summa Theologica,I-II,q93,3.

156 Ibid.

参与（partake）了正确理性而言，可以说是源于永恒法。[157]如奥古斯丁所说，世间法中除了源于永恒法的内容之外，无正义和合法可言。[158]（in temporal law there is nothing just and lawful, but what man has drawn from the eternal law.）

对疑难一的解答是，污染（fomes）的法就其作为上帝的惩罚而言可以说具有法的本质，在这个意义上可以说源于永恒法，但就它造成罪的倾向而言，是违背永恒法，不具有法的本质的。对疑难二的解答是，人法就其参与正确理性而言，是源于永恒法的，但是它如果偏离（deviate）了理性，就是不正当的法律，不再具有法的本质，而是一种亵渎（violence）。但是不公正的法，依然具有法的表象，是由有权者所制定的，依然可以说是源于永恒法的，因为"没有权柄不是出于神的，凡掌权的都是神所命的。"（《罗马书》13：1）对疑难三的解答是，人法允许（permit）某些事情，并不代表赞成（approve）它们，而是表示无力指导它们。很多事情只能由神法来指导，人法是无能为力的。那些人法无法处理的事皆由神法来管理。所以这不能得出人法不是出于永恒法的结论，毋宁说人法不能与永恒法完全相符（non è in grado di adeguarvisi perfettamente/it was not on a perfect equality with it）。[159]

笔者按：这一条对第一和第三个疑难的解答在《阿奎那政治著作选》中被忽略了，在其它著作中自这一条开始就不再介绍了。其实第一和第二个疑难带有相同的性质，都是对一切法源于永恒法的质疑，阿奎那对此也作了类似的解答，即这个"源于"不能就字面解释，只能在变通的意义上理解。对于第三个疑难的解释，阿奎那实质上指出了人法的局限，并指出允许不代表赞成，这是非常重要的法律思想，可惜被选编者和研究者们忽略了。

第四个问题是必然和永恒之物是否也受制于永恒法。疑难有三：第一，所有理性的东西都受制于理性，上帝的意志是理性的，因为它是公正的。既然它是理性的，就受制于（至高）理性。而至高的理性就是永恒法，所以上帝的意志也受制于永恒法。上帝的意志是永恒的，所以永恒的和必然的东西也受制于永恒法。第二，国王管辖之下的任何事物，都受制于国王的法律。"圣子也要服从父神……把国交与他。"（《科林多前书》15：28，24）因此，永恒

---

157 Ibid.

158 马清槐先生译为"如果人法不是人们从永恒法中得来，那么在人法里就没有一条条文是公正的或合理的。"[意大利]托马斯·阿奎那（马清槐译）.阿奎那政治著作选[M]北京：商务印书馆 2009：114。

159 Summa Theologica,I-II,q93,3.

的圣子也要服从永恒法。第三，永恒法是预定一切的神圣理性，很多必然之物都是前定的，比如无形体的实体和天体的稳定性，因此，即使必然之物也受制于永恒法。[160]

与之相反，必然之物意味着没有其它可能（can not be otherwise），因此无需约束。而法律是强加于人之上的，目的是为了让他们免于邪恶（evil），因此必然之物不受永恒法的管辖。[161]

阿奎那的回答是，永恒法是上帝统治万物的理性，因此任何在上帝统治之下的事物都受制于永恒法。反过来说，任何不在上帝统治之下的事物，也就与永恒法无关。这种区分可以在我们周围找到，那些人能够做的事，才属于人类管辖，从而受制于人法；而那些关乎人的本质（nature）的事，比如人有灵魂、有手、有脚，就不受人类管辖。同样的，一切由上帝创造之物，无论必然偶然，都受永恒法的约束，而那些属于上帝本质的事，则不受制于永恒法，因为它们就是永恒法本身。

对疑难一的解答是，关于上帝的意志有两种含义，其一是意志自身，既然上帝的意志就是他的本质（essence），它既不属于上帝统治之下，也不受制于永恒法，而与永恒法同一。其次，是上帝关于他的造物的意愿，这些是受制于永恒法的。对疑难二的解答是，神子不是上帝创造出来的，而是由上帝自然产生的（naturally born），故而他并不受制于神圣的前定或永恒法，毋宁说他在自身之中拥有永恒法。但他因具有人的本质（人性）而受制于圣父，出于同样理由，圣父比他更伟大。对疑难三，阿奎那说对其结论表示同意，因为他处理的是受造的必然之物的问题。[162]

对疑难四的解答（按照上下文实为对疑难三的解答，然而各个版本均如此标记）是，如亚里士多德在《形而上学》第 5 卷中所说，那些必然之物有其必然之因。因此这本身就是一个非常有效的约束，因为约束即意味着除了被允许的方式之外没有其它可能。[163]

笔者按：这一条的神学色彩非常浓厚，与法学完全无关。

第五个问题是自然界的偶然存在是否也受制于永恒法。疑难有三：第一，颁布是法律的要素，而除了理性动物之外，法律就没有颁布对象，因为无法

---

160 Summa Theologica,I-II,q93,4.
161 Ibid.
162 Ibid.
163 Ibid.

作出一个宣布（announcement），因此除了理性动物之外，其余都无法受制于永恒法，自然界的偶性的物理实体也不例外。第二，一切服从理性之物皆在某种程度上分有（partake）理性，而永恒法是至高理性，既然自然的偶性物理实体不仅不能以任何方式分有理性，还是非理性的（irrationabilia，英译 void of reason），所以它们不受制于永恒法。第三，永恒法是非常有效的，而自然的偶性物理实体中常有缺陷发生，因此它们不可能受制于永恒法。[164]

与之相反，《圣经》上说："他为沧海定出界限，使水不越过他的命令。"（《箴言书》8：29）

阿奎那回答说，我们必须以与讨论人法不同的方式来讨论永恒法。因为人的法只对受制于人的理性动物有效，因为法律指导那些从属于某个统治者的人们的行为。所以，准确地说，没有人对自己的行为强加一部法律。而那些非理性的物理存在自身不会运动，只是在人们为了使用而搬动它们时受制于人，当然人不可能对这些物理实体颁布法律，无论它们在多大程度上受制于人的行动。但是人可以通过命令或其它方式的宣告对从属于他的理性存在强加（impose）法律，在他们的心中印上行动的规则。正如人在其下属心中印上（impress）行动的内在原则，上帝对整个自然印上了正确行动的原则。在这个意义上，上帝对整个自然发出命令，如《圣经》中所说，"他颁布的规律，永不变更。"（《圣咏集》148：6）因此整个自然的行动和运动都受制于永恒法。非理性的造物也受制于永恒法，因为它们的运动皆在上帝的预定之中，但是不是如理性造物那样，通过对神圣命令的理解而受制于永恒法。[165]

对疑难一的解答，法律的颁布是对人而言的，是为了在人心中印上关于行为的指导原则；对于自然界的物理实体，内在运动原则直接印于其中。

对疑难二的解答，非理性的造物既不分有也不违背人类理性，但是它们的确通过服从的方式分有永恒法，因为上帝的神圣理性的力量远远超过人类的理性。正如人类的肢体受到理性的控制但并不分有理性，因为它们不具有理解能力，同样的非理性的造物虽然不具理性依然按照上帝的安排而运动。

对疑难三的解答，尽管自然界的物理实体的缺陷违背了特定情况下具体因的秩序（order），但它们并未违背普遍的秩序，尤其是第一因，也就是上帝

164　Ibid,q93,5.
165　Ibid.

的秩序。一切尽在上帝的预定之中，既然永恒法就是上帝的神圣预定，那么自然界的实体的缺陷也在永恒法的效力之下。[166]

笔者按：这一条其实是非常重要的，如前所引，上帝对整个自然印上了正确行动的原则，在这个意义上，上帝对整个自然发出命令，因此整个自然的行动和运动都受制于永恒法。非理性的造物也受制于永恒法，甚至自然界的实体的缺陷也在永恒法的效力之下。阿奎那关于永恒法说得如此详细，可能因其神学色彩较重，一直被学者们所忽略。

第六个问题是是否一切人类事务皆受制于永恒法。

疑难有三：第一，使徒保罗说："你们若受圣灵引导，就不在律法之下。"（《加拉太书》5：18）但是受到圣灵引导的义人们是上帝的孩子，"凡被神的灵引导的，都是神的孩子。"（《罗马书》8：14）所以不是所有人都受制于永恒法。第二，使徒保罗说："肉性的切望（prudence of the flesh），是与天主为敌，决不服从，也决不能服从天主的法律。"（《罗马书》8：7）但很多人是受肉体支配的，因此并非所有的人都受制于神的律法即永恒法。第三，奥古斯丁说，永恒法即让恶者下地狱，善者得永生。但那些已经完全堕落和得享永生者，已不能再给予相应的福报或惩罚，因此他们不再处于永恒法之下。[167]

与之相反，奥古斯丁说，没有任何人能逃脱至高的创造者和统治者上帝的律法，整个宇宙的和平尽在他的掌控之下。

阿奎那回答说，一物受制于永恒法有两种方式，一种是通过知识分有永恒法；另一种是通过行动和激情，即通过内在的行动原则来分有永恒法。在第二种意义上，非理性的造物也受制于永恒法，如前所述。但是理性的被造物（此处英译本为 rational nature 忠实于拉丁文本的 rationalis natura，直译为理性的自然，意大利文译本作 creatura ragionevole 意为理性的被造物，但按照上下文，应为理性的被造物，取意大利文本的译法），既与其它非理性的被造物一样有内在的倾向，又能通过理性知晓部分永恒法的知识，所以他们在两层意义上分有了永恒法。故而哲学家（亚里士多德）说人天生（自然地）适于拥有德性。[168]

---

166 Ibid.
167 Ibid,q93,6.
168 Ibid.

对坏人来说，这两种方式都是不完善的，某种意义上甚至是被毁坏的，因为在他们身上对于德性的倾向已经被邪恶的习惯腐蚀了；不仅如此，他们内心中关于永恒法的知识也被激情和罪的习惯蒙蔽了。但是在好人身上，这两种方式都更加完善，除了本性中固有的善的知识之外，更有信心与智慧的知识；不仅如此，除了善的自然倾向之外，还有恩典与美德的力量。因此，好人完全地受制于永恒法，一贯地按照永恒法行动，而坏人就其行为而言是不完全地受制于永恒法，不仅他们关于永恒法的知识，连他们的自然倾向都是不完全的。他们行为上的不完全是出于激情的缘故，既然他们未能在行为上与永恒法和谐一致，所以永恒法也就给予他们其所配得的。

对于疑难一的解答是，使徒（保罗）的话可以在两种意义上来理解，一个人处于法律之下，可能是出于负担或压力，使其违背自己的意志而遵循法律去行为。如圣经的注释所说的，一个人不是出于对美德的热爱，而是出于对惩罚的恐惧，才遵守法律避免了邪恶。在这个意义上义人们不是处于法律之下，因为圣灵将爱注入了他的心中，他是自愿地遵循法律。第二种意义则是指，当一个人处于圣灵的引导之下，他的工作与其说是他本人的，不如说是圣灵的。正如前面所论证过的，无论圣灵还是圣子都不在律法（永恒法）之下，因此这个人的工作就其实际上是圣灵的工作而言，也不在法律（永恒法）之下，正如使徒自己所作的见证："主的神在哪里，哪里就有自由。"（《哥林多后书》3：17）

对疑难二的解答是，肉体的切望（prudence of the flesh）就行为而言，所造成的倾向是违背至高的法律的，所以不可能受制于永恒法。但是就激情而言，它又是受制于上帝之法（永恒法）的，因为它将依据上帝的审判得到相应的惩罚。何况肉体的切望不可能在任何人身上达到摧毁人性中全部的善的地步，他的本性中依然保持着要按照永恒法行动的倾向，正如之前讨论过的，罪（sin）不能完全摧毁人性中的善。

对疑难三的解答是，将一物保持在某一点和推动它到某一点的原因是同一的，比如重力既是让一个重物保持在某个较低的位置的原因，也是让它下坠至斯的原因。类似的，按照永恒法，有些人应得幸福，有些人应遇不幸，所以无论人是处于幸福之中，还是在不幸之中，都是由永恒法来的，故而不论得享永生的，还是已经堕入地狱的，都在永恒法之下。

笔者按：这一条的第一和第三个疑难神学色彩较强，作为法学思想研究而言或许可以有理由忽略，但是阿奎那指出人以两种方式受制于永恒法，"理性被造物既与其它非理性的被造物一样有内在的倾向，又能通过理性知晓部分永恒法的知识，所以他们在两层意义上分有了永恒法。"[169]在对第二条的解答中指出激情也是受制于上帝的永恒法的，作为一个基督教神学家，他从神学观点出发，认为"肉体的切望不可能在任何人身上达到摧毁人性中全部的善的地步，他的本性中依然保持着要按照永恒法行动的倾向"[170]而霍布斯的自然法学说则认为理性是受制于激情的，甚至把肉体自我保存当作自然法的唯一命令。在这一点上，阿奎那为我们提供了批判地审视现代思想的一个视角。

通过以上关于永恒法六个问题的辨析，可以看出，阿奎那的永恒法思想是他的法律思想的出发点和基石，他讨论的一些问题对他来说显然是非常重要的，对今天的读者则意义寥寥，比如圣子圣灵是否也在永恒法之下，以及天体乃至自然界的无机物是否也在永恒法之下，这是神学问题，不是法学问题。然而我们必须了解，阿奎那属于对世界有着整全理解的思想家，他所要融合的两大体系，即以保罗为代表的基督神学和以亚里士多德为代表的希腊哲学都是无所不包的宏大体系，对世界的起源和世间的事物都有自己的一整套看法，将这两者熔为一炉，阿奎那可谓是殚精竭虑。他最擅长也最突出的方法就是区分不同含义，故而很多看似冲突的论断，经他区分不同意义加以剖析之后，竟能同时成立，这本身是圣经解释学的传统，但阿奎那的独特之处在于，他对亚里士多德哲学中的概念采取拿来主义的态度，基（督）体希（腊）用，用诸如主动/被动，完善/不完善，就其自身/分有的区分来调和众多看似对立的教条。

如果说永恒法是阿奎那法律思想的基石和关键的话，毫无疑问，上帝就是阿奎那思想的出发点和归宿，一切源于上帝，一切归于上帝，这种外显-复归的神学体系不是阿奎那的发明，但是阿奎那在阐释方面却做得最为精致。如果没有对于上帝无所不能、无所不知的信仰，那么阿奎那的法律思想其实就失去了最根本的也是唯一的支撑，离开他的神学信仰，他的自然法思想乃至人法思想都是无源之水、无本之木，因为阿奎那的自然法思想的力量最终

169　Ibid.
170　Ibid.

来源于上帝，他的思想体系的一切矛盾都可以通过上帝的无所不能来解决，后世的思想家却不能这样做，所以他们的思想体系难免出现这样那样的问题，而圣托马斯·阿奎那以及他的传人则不会有这样的问题。因为人总是有欠缺的，只有神才是完全的。"在人不可能，在天主却不然，因为在天主，一切都是可能的。"(《马可福音》10：27)

然而正如之前指出的，阿奎那体系的精致与烦琐是一体两面的，他的一些论证在我们看来是没有意义的，但是如果没有这些论证，他就不能被称为经院哲学的大师，那些基本的信条，不需要他来提出，早已经为信徒们所熟知，如果没有这些烦琐的论证，他就不会被教会封为天使博士和尊为官方哲学，他的《神学大全》也不会被教宗约翰二十二世誉为"每一个章节都包含着无比的力量"。[171]

阿奎那自然法思想的力量和弱点也是一体两面的，如果不相信人是由上帝造的，那么所谓自然法是对永恒法的分有，人通过自己的理性了解永恒法就跟呓语没有什么差别。只有进入他的语境才能感觉到他的逻辑的严密与体系的精巧。但是这样的思想在多大程度上能称之为哲学的，至今在西方思想史上也一直有争论，阿奎那在众多的讨论中都是在打语录仗，使徒（保罗）之言和哲学家（亚里士多德）之言都是不需要证明的，前辈教父们的话也是权威，他所做的，其实是一个调和或解释的工作，使得看似矛盾冲突的各种论断能够和而不同，在不同的意义上同时成立，从以上六个问题就可以发现，他从未反驳过一条疑难中所引用的权威言论，他只是在不停地辨析词语的不同含义，最终结果是将对方引用的权威论断作了另一种解释，然后皆大欢喜。

那么阿奎那思想研究的意义何在呢？我们不能接受他的前提，难道可以活剥他的结论么？实际上，如果没有他的神学前提作支撑，他的论断是经不起质疑的。所以我认为，阿奎那的贡献不在于他提出的观点，而在于他所辨析的含义，如果不能理解他具体所指的含义，只会给人带来误导。我认为，研究阿奎那的思想，既不能从外部批判，也不能直接拿到外部应用，只能进入他的体系，在其内部寻求内在联系。那位教宗的赞誉也许应当这样理解，阿奎那思想的力量恰恰就在章节之中。

---

171 傅乐安.托马斯·阿奎那基督教哲学[M]上海：上海人民出版社，1990：216。

第四节 自然法

"自然法也可被译为"自然律",它不仅是阿奎那政治哲学的重要概念,也是阿奎那的伦理学的核心。"[172] 长期以来,对阿奎那自然法思想的研究受到学科视野的限制,从伦理学的角度着重考察良知与自然法的关系,从法理学的角度着重考察自然法与人法(实在法)的关系,至于阿奎那自然法的本来面目,似乎反而不重要。

在讨论自然法之前,阿奎那首先需要弄清楚的问题是,究竟有没有自然法?

疑难一:似乎人心中并不存在自然法。因为人有永恒法的统治就已足够。奥古斯丁说过,永恒法让万物各得其所。对人来说,自然有之不多,缺之不少(la natura come non manca del necessario, così non abbonda nel superfluo),所以并没有自然存在于人之中的法律。疑难二:人的行为总是指向某个目的。自然指导的是那些完全按照天生的欲望行动的非理性动物,但是人为了达到某种目的其行为是由理性和意志来指导的,所以指导人类的行为达致他的目的并非自然的功能,对人来说也就不存在自然的法律。疑难三:人越是不受法律的约束,他就越是自由。人具有其它动物所不具备的自由意志,所以他更加自由。动物尚且不受制于自然法,人更不会受制于自然法。

与之相反,圣经上说:"没有律法的外邦人,若顺著本性行律法上的事,他们虽然没有律法,自己就是自己的律法。"(《罗马书》2:14)对这段经文的注释说:尽管他们(外邦人)没有成文的律法,但是他们有自然的律法,藉着这律法他们明白和懂得善恶。[173]

阿奎那的回答说,法律作为规则和尺度,以两种方式存在于人之中。一是当他作为统治和支配者;二是当他作为被统治和被支配者。被统治意味着分有/参与(partake)了统治和支配。既然一切在神意(Divine providence)之下的都由永恒法统治和支配,那么它们都在特定意义上或多或少地分有了永恒法,即在永恒法的影响下,产生了关于自身行动和目的的特有倾向。既然理性的被造物是以一种最完善的方式分有神意,即不仅为自身而且为其它被造物的缘故——上帝让人管理世上其它一切动物,"使他们管理海里的鱼、空中的鸟、地上的牲畜和全地,并地上所爬的一切昆虫。"(《创世纪》1:26)

---

172 赵敦华.基督教哲学 1500 年[M]..北京:人民出版社 1994:405.

173 Summa Theologica,I-II,q91,2.

因此，人分有神圣理性的一部分从而具有关于自身应有的行为和目的的倾向。这种存在于理性被造物中的对永恒法的参与就叫作自然法。故而圣经上说："当献上公义的祭。"（《圣咏集》4：6[174]）。这是对寻求何为公义之事的回答。"有许多人说：'谁能指示我们甚么好处？'耶和华啊，求你仰起脸来，光照我们！"（《圣咏集》4：6）这说明我们赖以分辨善恶的自然理性之光，不是别的，正是神圣之光在我们身上的烙印（impronta），也就是自然法的功能，因此自然法就是理性被造物对永恒法的参与。[175]

对疑难一的解答：如果自然法是不同于永恒法的某物，那么这个论点是成立的。但是如上所述，自然法是对永恒法的参与。对疑难二的解答：我们所有合乎理性和意志的行为都是与本性一致为基础的，因为理性的前提是我们凭借本性/自然就知道的原则，所有出于欲望的行为都源于关于最终目的的自然欲望（natural appetite）。因此我们的行为必然要受自然法的指导。对疑难三的解答：跟理性被造物一样，非理性动物也以它们自己的方式参与永恒理性（Eternal Reason）。但是因为理性被造物是以理智（intellectual）的和理性（rational）的方式参与永恒法，所以他们的这种参与才能被恰当地称为法律，因为如前所述，理性是法律的必不可少的要素。而非理性动物并不是以理性的方式参与永恒法，除非在比喻（metaforico）的意义上，在它们之中不存在对永恒法的参与。[176]

"自然法是理性被造物对永恒法的参与。"是阿奎那对自然法的经典定义，但正如自然法的历史所告诉我们的，这一命题不是阿奎那的发明，阿奎那的贡献在于对它进行了精致细微的辨析。根据他在本条中的论辩逻辑，可以看出他最根本的论据都是源于神学的，圣经关于上帝创造人的记载和保罗关于异邦人的话是他关于自然法的观点的基础，奥古斯丁的光照论对他也有影响。自然法有两重含义，首先它是出于自然的，其次它是法。而这两者都是从上帝来的，与上帝的永恒法有关。因为自然也是出于上帝；而理性在阿奎那看来是法的要素，非理性动物虽然也在神意之下，却不能说它们分有了永恒法（除非在比喻的意义上），它们的行为也受自然的指导，却不能说它们受自然法的指导，就是因为它们没有理性。人具有理性和动物没有理性，

---

174 笔者按：英国多米尼克修会神父版所注为拉丁通行本（Latin Vulgate）篇目，对应思高版为圣咏集4：5。

175 Summa Theologica,I-II,q91,2.

176 Ibid.

都不是出于自身的原因，人是上帝按照自己的形象造的，动物则否，人还被上帝赋予了管理世上其它一切动物的使命，故而人具有理性是在上帝的神佑（Divine Providence）之中的，应当指出，阿奎那所说的"参与"是有特定含义的，他最擅长区分"参与"的两种含义，一种是统治（主动）的，一种是被统治（被动）的；人对永恒法的参与（partake）是在被统治的意义上说的。

如对疑难一的解答所揭示的，自然法不是不同于永恒法的某物，而是永恒法的一部分，是人作为理性的被造物凭借上帝赋予的理性对上帝的永恒法所了解的那一部分。因为理性是有限度的，所以人既不能直接了解上帝的本质，也不能了解上帝的永恒法，理性作为人的规定性，也是对人的限定，不同于后世理性万能以至一切都要在理性的法庭前为自己的存在作出说明的氛围，从早期教父一直到中世纪，理性的力量一直被认为是有限的，若无上帝的恩典（grace），它既不足以成就德性，也不足以认识上帝。人所能认识的，只是他的理性所能解读的永恒法，也就是自然法。

关于自然法的专题有六条：一、自然法是什么？二、自然法的规则是什么？三、是否所有合乎美德的行为都是由自然法规定的？四、自然法对所有人都是相同的？五、自然法是可变的么？六、自然法是否可能从人们的心中废除？

"自然法是什么"实际上讨论的是自然法是否是习性（habit），疑难有三：第一，亚里士多德说过，灵魂之中有三物：能力（power）、习性（habit）和激情（passion）[177]，但自然法既非灵魂的能力，也非它的激情，所以只能是它的习性。第二，良知（conscience）或本能（synderesis）是我们心灵的法律，即自然法的应用，而本能是一种习惯，所以自然法是一种习惯。第三，自然法一直在人的心中，但能够发现自然法的人类理性却并非时时刻刻都在想这自然法。因此自然法是一种习性，而非现实（act）。[178]

与之相反，奥古斯丁说，习性是指必要时所依赖的能力。自然法并非如此。即使婴儿和不能遵从它而被罚入地狱的人身上依然存在自然法。因此自然法并非一种习性。

---

177 苗力田先生译为潜能、品质和感受。[古希腊]亚里士多德（苗力田译）.尼各马科伦理学[M].北京：中国人民大学出版社，2003：31.
178 Summa Theologica,I-II,q94,1.

阿奎那回答说，被称为习性有两种方式，其一是本质的和严格的意义，在这个意义上，自然法不是习性。自然法是理性所得出的如同定理的东西。一个人做的事和他赖以做事的工具或手段是不同的，正如一个正确的复合句和语法知识是不同的。既然习性是我们赖以行为的方式，它在本质和严格的意义上与法律是不同的。另一种意义上习性指的是习性的内容，即我们因习性所保持的东西。在这个意义上信仰也就是我们所信仰的内容。在这个意义上可以说自然法是一种习性，因为自然法的规则不仅以现实（act）的方式，也以习性的方式成为理性的对象。

对疑难一的解答，哲学家在该段中是为了讨论德性属于哪一类，很显然德性是一种行为的原则，所以他只讨论了灵魂中关于人类行为原则的部分，即能力、习性和激情。但是灵魂中除此以外还有诸现实（acts），如在意愿之人中的意志和认知之人中的知识，以及灵魂自身的本性，如不朽性等。对疑难二的解答，本能之所以被称为心灵的法律，是因为它是一种包含自然法规则的习性，这些规则是人类行为的首要原则。对疑难三的解答，它认为自然法是被习惯性地拥有的，这是我们接受的观点。但是就其相反的意义上我们应当指出，当存在障碍（impediment）时，一个人对于他习惯性地拥有的东西不一定能够使用。比如睡着时，他就无法运用科学的习惯（habit of science）。同样地，因为年龄的缘故，孩子就无法理解他习惯性地拥有的自然法的规则。179

第二个问题具体表述为自然法是包含多个规则，还是仅有一个？

疑难一：似乎自然法应当只有一个规则，因为法律是一种规则，如果自然法有多个规则，那就应当有多个自然法。疑难二：自然法是由人类本性而来的。但人类的本性就其整体而言，只有一个；但就其组成部分而言，则有多重。因此，要么自然法就人性作为整体而言只有一个规则，要么就其部分而言则有多个规则。那么，结论将是与淫欲（concupiscible）倾向有关者也属于自然法。疑难三：法律是属于理性的，而人只有一个理性，所以自然法只有一个规则。180

与之相反，人心中自然法的规则之于实践，如同第一原理（前提）之于证明（演绎），但是存在着几个不能证明的原理，所以自然法也有几个规则。

179 Ibid.
180 Ibid,q94,2.

阿奎那回答说，自然法的规则之于实践理性，如第一原理之于理论理性（speculative reason），都是不证自明（self-evident）的原则。一物可以在两种意义上被称为不证自明，一是就其自身（in itself），一种是在与我们的关系中。如果一个命题的谓项（predicate）包含于主题（subject）的概念之中，它就是不证自明的。然而对于不知道主题定义的人来说，就不是不证自明的。比如说"人是理性动物"就其自身的本性来说，就是不证自明的。因为当说到"人"的时候，指的就是"理性动物"，然而对那些不知人为何物的人来说，这个命题就不是不证自明的。正如波埃修（Boethius）所说，只有那些其概念为所有人都知晓的命题，才能成为不证自明的公理。比如整体总是大于部分，与一物相等的众物彼此也相等。有些命题则仅有那些有智慧的人才能理解，因为其概念的意义只有他们才能明白。比如只有对一个理解天使并非一个身体（body）的人来说，天使不会被限制在空间之中才是不证自明的，但是那些没有学问的人（unlearned）则无法理解这一点，故而对他们来说就不是不证自明的。

在被普遍地理解的事物之中有一定的秩序。"存在"的概念包含于人所理解的一切事物之中。第一条不证自明的原则即"对同一物不可能同时既肯定又否定"，这一原则是奠基于"存在"与"非存在"的概念之上的，其它原则都是建立在这一原则的基础之上的，亚里士多德在《形而上学》第四卷第9节论证了这一点。正如"存在"是认识的前提，"善"则是关于行动的实践理性的第一原理。因为任何行动都是为了某个出于善的目的，所以善是实践理性的第一原理，也就是说，善是一切事物所寻求的目标。故而这也是自然法的第一条规则："应追求和实现善，避免恶。"（good is to be done and pursued and evil is to be avoided）自然法的其它规则都以此为基础，所以实践理性出自本性关于善或恶的判断也就是自然法的规则要求应当追求和避免的。

正因为善是目的，而恶则相反，故而人所自然倾向之物，也就是理性认为善的和应当追求的，反之则是恶的和应当避免的。自然法的规则与人的自然倾向的要求是一致的。实际上人的自然倾向第一条是自我保存，这和其它实体的本性要求是相同的。根据这一倾向，追求一切有益于保存人的生命的和避免一切有害于人的生命的都是合乎自然法的。自然倾向的第二条是倾向于他特有之物，这是与其它动物共通的本性，属于"自然教给所有动物的"，如性行为和教育后代等。第三，人出于理性的本性，还有善的自然倾向，这是他特有的本性，即人自然倾向于知晓上帝的真理，过社会生活（to live in society）。在这一意义上，这一倾向的内容也属于自然法，比如避免无知，不冒犯他人，诸如此类。[181]

对疑难一的解答：自然法的所有规则就其源于同一个规则而言，都有自然法的特性。对疑难二的解答：人性中的所有倾向，比如欲望和愤怒，就其受制于理性而言，都可以说属于自然法，从而属于同一规则。故而自然法的规则就其自身而言有多个，但都建立在一个共同的基础之上。对疑难三的解答：尽管理性就其自身而言是一个，它指导有关人的一切事务，所以一切受理性支配的，都在理性的法律之下。[182]

笔者按：在这一条中，阿奎那引述波埃修的话指出，一个命题"不证自明"（self-evident）的前提是该命题的概念为人所承认和接受。近代自然法思想尽管在西方历史上造成了巨大的影响，"不证自明"却似乎是有文化界限的，当美国独立宣言中以"我们认为以下真理是不证自明"的口气宣布"天赋人权"的观念时，却很难引起中国人的共鸣。正如独立宣言说人是被"造"得平等，并从他的"创造者"那里获得了生命、自由和追求幸福的权利。有学者指出，美国的宪法具有公民宗教的色彩。[183] 在未接受基督教信仰的文化中，这样的说法只能被当作一种修辞。这样的理论无法掌握群众，自然也就无法成为改变世界的现实力量。同样，正如托马斯·阿奎那自己所说，如果不理解天使并非一个有形的躯体，就无法理解其不受空间的限制，于是讨论一个针尖上可以站多少天使在我们看来自然是经院哲学才会研究的无聊问题。托马斯·阿奎那关于人的第三个倾向也就是认识上帝的真理和过社会生活，即使是对阿奎那的研究者而言，也显得难以理解。傅乐安先生曾提出疑问，"这第三个命令与第一、二两个命令相比，同'行善避恶'究竟有多大联系，这是令人费解的，可是，托马斯就是这样罗列这三个命令作为关于善的自然法的范例。"[184]刘素民博士在书中引述了傅先生的这一疑问，不过并未给出自己的看法。这正是笔者本文所要解决的问题，详见第四章。

第三个问题，是否一切德性的行为都是自然法所规定的。

疑难一：按照法律的定义，为了共同的善是法的本质要素，而某些合乎

---

181 Ibid.

182 Ibid.

183 任军峰.神佑美利坚——"公民宗教"在美国，见现代政治与道德[M].上海：上海三联书店，2006：87-89.

184 傅乐安.托马斯·阿奎那基督教哲学[M]上海：上海人民出版社，1990：192。

德性的行为只是为了个体的善，比如说节制（temperance）的行为，所以并非所有合乎德性的行为都是自然法所规定的。疑难二：每一种罪（sin）都是与合乎德性的行为相冲突的。如果所有的合乎德性的行为都是自然法所规定的，那么所有的罪都是违反本性的，而实际上只有特定的罪是如此。疑难三：合乎本性的事是对所有人都同样有效的。但合乎德性的行为并非如此，有的事对这个人是合乎德性的，对另一个人却是不道德的（vicious）。因此，并非所有合乎德性的行为都是自然法规定的。[185]

与之相反，大马士革的圣约翰（Damascene）说德性是出于自然的。所以合乎德性的行为也是自然法所规定的。

阿奎那的回答是，关于合乎德性的行为有两种含义：就其合乎德性而言和就其所属的特定行为种类而言。如果在第一种意义上谈论合乎德性的行为，则这些行为都是由自然法规定的。因为一个人根据其本性所倾向的一切也就是自然法规定的。一切存在都倾向于符合它的形式（form）的行动。如火就有发热的倾向。而理性是人特定的形式，所以每个人都有根据理性而行动的倾向，也就是合乎德性的行为。既然每个人的理性都要求他作出合乎德性的行为，所有合乎德性的行为都是由自然法规定的。但是，如果我们在就其自身的意义上谈论合乎德性的行为，也就是讨论它们所属的种类，则并非所有合乎德性的行为都是自然法规定的，因为很多合乎德性的行为并非出于自然倾向，而是基于理性的考虑（inquiry of reason）为了生活福利的缘故而作出的。

对疑难一的解答是，对饮食和性的欲望的节制，实际是为了自然的共同善，如同自然法的其它方面是为了道德的共同善。对疑难二的解答是，关于人的本性可以区分为两种含义，一是人所特有的本性，在这个意义上如大马士革的圣约翰（Damascene）所说，所有的罪都是违反本性的，因为它们违背了理性。另一种含义是人和动物共同具备的本性，在这个意义上只有特定的某些罪（sin）是违反本性的，如同性之间的肉欲，就其违反所有动物共同的异性结合而言，是一种可称之为违反自然的犯罪（crime）。对疑难三的解答是，这个论点是在就其自身的意义上讨论行为的。由于人与人的条件不同，有些行为对某些人是合乎德性的，因为对他们来说是适合（成比例）的（proportionate），对另一些人则是邪恶的，因为对其不适合（不成比例）。[186]

185　Summa Theologica,I-II,q94,3.
186　Ibid.

笔者按：天主教在反对同性恋的问题上，一直是持毫不妥协的坚定立场，其理由之一就是认为这种行为违反自然，如阿奎那所论证的，而违反自然就是违背上帝的意志，因为自然或本性来于上帝，《旧约》中上帝对同性恋的怒火是毫无妥协的余地的。对于阿奎那的自然法思想，我们很难做到取其精华，弃其糟粕，只能全盘接受或完全抛弃，因为他的思想乃是一个紧密联系的有机整体，阿奎那的自然法力量来自于上帝，而圣经中上帝的话语对阿奎那来说是不可更改的，对于同性恋问题，阿奎那也没有进行过区分不同含义的任何努力，在这个问题上，他是不持调和立场的。

第四个问题是自然法是否对所有人都是一样的。

疑难一：看上去自然法并非对所有人都是一样的，因为自然法包含于律法和福音之中，而使徒（保罗）说"并不是所有的人都服从了福音。"（《罗马书》10：16）所以自然法并非在所有人中都是相同的。疑难二：亚里士多德说，服从法律的就是公正的。但他又说，如果没有根据某些人的具体情况而作的变化，法律就不能够对所有人都公正。所以自然法并非对所有人都相同。疑难三：自然法意味着人根据自己的本性所倾向的一切。而不同的人根据各自的本性有不同的倾向，有些人倾向于获得快乐，有些倾向于获得荣誉，其他人各有所好。所以没有对所有人都相同的自然法。[187]

与之相反，圣伊西多尔（Isidore）说，自然法是所有民族共同的法律。

阿奎那回答说，如前所述，自然法包含人根据其本性自然倾向之物，对人而言，他所特有的倾向是根据理性而行动。理性的过程是从普遍到特殊。在这个问题上，理论理性与实践理性是不同的。理论理性思索的都是必然之物，它们不存在其它的可能，正如由包含真理的普遍原理所得出的具体结论是不可能错误的。而实践理性处理的是与人类行为相关的偶性的事务，尽管这些一般原则是必然的，但只要我们越是下降到具体事务的层面，就越是容易出现例外或瑕疵。所以在思辨的事物中，真理无论就原则和结论而言对所有人都是相同的，尽管所有人都能知晓的真理只是被称为共识（common notion）的原则，就具体的结论而言则只有一部分人能够理解。但就实践领域而言，真理或实践的规范只是作为原则对所有人都一样，在具体事务中则并非如此；而当在具体事务中适用同一实践规范时，也并非所有人都能达到同等的认识。

因此很显然，就一般原则而言，无论思辨理性或实践理性，对所有人都

---

187 Ibid,q94,4.

是一样的，也为所有人同等地知晓。思辨理性的结论，对于所有人都是相同的，但并非为所有人都同样地理解。比如一个三角形的三个角之和等于两个直角之和，但并非所有人都知道这个定理。而实践理性的特定结论，首先不是对所有人都相同的，其次当它对所有人都相同时，也不是所有人都了解。比如按照理性行动对所有人来说都是同样的，从这个原则出发，可以得出受托之物应当还给原主的结论。这在大多数情况下都是成立的，但在特定的情况下也许是有害的（injurious）的，因而交还受托之物是不理性的。比如这些物品的用途是反对他的国家。我们越是下降到细节的具体层面，这一原则无法生效的可能就越大，比如一个人要求被信托的某物应当有某种担保或以某种方式归还。附加的条件越多，这个原则无法实现的可能就越多。

因此我们说，自然法就其作为一般原则而言，是对所有人都相同的，不论是作为规范还是作为知识。但是就具体事务而言，也就是作为原则的结论而言，在大多数情况是对所有人都相同的，但是在极少数的情形下，作为规范时出于特定的障碍并非对所有人都相同，而作为知识，由于一些人的理性被激情或恶习甚至邪恶的秉性所败坏，也不是对所有人都相同。比如凯撒在《高卢战记》中说，偷窃虽然是明显地违反自然法，但在日耳曼人中并不被认为是错的。

对疑难一的解答，"自然法在律法和福音之中"这句话的意思并不是说包含在律法和福音中的都是自然法，因为其中还有很多超自然的内容，而是说凡是包含于自然法之中的都在它们之中。对疑难二的解答，哲学家关于事物的自然正义的这句话并非指的是一般原则，而是在由原则推出的结论意义上说的，如前所述，具体结论在大多数情况下是公正的，但少数情况下并不成立。对疑难三的解答，人的理性支配和控制他其它的能力，其它能力的所有倾向都需要理性的指导。这是对所有人都普遍有效的，即他们所有的倾向都应在理性的指导之下。[188]

疑难三的问题是一个典型的相对主义的问题，人的喜好或倾向是不同的，因此不存在对所有人都有效的自然法，或者说各人有各人的自然法。这些倾向都是自然的，也即出自本性的，如何来解决这一问题？对阿奎那来说这并不难，因为这些倾向在都受理性指导的意义上都是属于自然法的，但是为什么激情或欲望应当受制于理性呢？因为按照阿奎那的神学体系，理性来自于

---

188 Ibid.

上帝，是上帝注入人的本性中使人成其为人之物，人可以违背自己的理性本性，却不能否认它。用波埃修斯的话来说，"只要他还认识自己，他就比其他的东西高级；而一旦他不再认识自己，他就猪狗还不如。其他动物天生就不具有这种自我认识；可对人来说，没有了就成了一种缺陷。"[189]实际上，人因为罪的缘故，想要凭自己的力量完全按照理性行事是不可能的，只有靠上帝的恩典才有可能。作为解决相对主义的思路，阿奎那给我们的启示无非两点：没有一个绝对者作为后盾，反对相对主义是不可能的；相对主义诉诸人的倾向，和阿奎那诉诸人的本性，其真实性是等值的，都是一种独断论的命题，相对主义的命题也可以用神学的话语来表达，即上帝并未为人设下任何目的，人对自己的生命拥有完全的主权或自由。对于相对主义所列举的人各有其好的事实，阿奎那可以直接引用亚里士多德的话进行批判，"我们绝不可拿那些处于腐坏状态而丧失本性的人作为例子"。[190]

第五个问题是自然法能否被改变。

疑难一：看上去自然法是可以改变的，因为经上说："他赐给他们理智，又赐给他们生命的法律。"（《德训篇》17：9）注释说，他赐给他们写下的律法的目的是为了修正（correct）自然的法律。而修正意味着改变，所以自然法是可以改变的。疑难二：杀害无辜、通奸和偷窃是违反自然法的。但是当上帝命令亚伯拉罕杀掉他无辜的儿子时（《创世纪》22：2），当他让犹太人从埃及人那里借走和偷取器皿时（《出埃及记》12：35），当他命令何西阿为自己"娶一个娼妇为妻"（《德训篇》17：9）时，这些都被他改变了。所以自然法是可以改变的。疑难三：圣伊西多尔（Isidore）说，自然法意味着对万物的共同分享和普遍的自由。但是这些都因着人法的规定而改变，所以看上去自然法是可以改变的。[191]

与之相反，教谕中（Decretals）说，自然法始于理性被造物（人）的被造之时，从未改变，也不可改变。

阿奎那的回答是，自然法的改变可以在两种意义上理解，首先是增添（addition）。在这个意义上没有任何事物可以阻碍自然法的改变，为了人类生活的利益在自然法的基础上已经增添了众多事物，不仅有从神法来的，也有

---

189 波埃修斯.哲学的慰藉.[M]西安.陕西师范大学出版社，2009：56-57.

190 [古希腊]亚里士多德（吴寿彭译）.政治学[M].北京：商务印书馆，1965：14.

191 Summa Theologica,I-II,q94,5.

从人法来的。第二种则是在减少（subtraction）的意义上，即曾经属于自然法的内容，不再具有自然法的效力。在这个意义上，自然法就其首要原则而言是不可改变的，但其次要（secondary）原则，即由首要原则推到出的具体大致结论，在大多数情况下是不可改变的，但是在一些特殊的情形下，出于某些特别的原因，可以不遵守某些规则。

对疑难一的解答：生命的法律之所以被说成是修正自然的法律，要么是出于将所需之物提供给自然法；要么是因为自然法在人的心中被误解了，在某些事物上，他们将本性邪恶的东西看作是善的，所以需要修正这种误解。对疑难二的解答：无论是有罪的还是无辜的，所有的人都会面对自然的死亡。死亡是上帝对人的原罪的惩罚。因此，出于上帝的命令，死亡可降临在任何人身上，无论无辜还是有罪，不存在任何不公正。类似的，通奸是与他人之妻的性行为，这妻正是上帝分派与他人的。所以若是因上帝之命于任何女人发生性行为，就既不是通奸也不是乱伦。同样的，偷窃是拿走别人的财产。然而万物皆属于上帝所有，因上帝之命拿走的东西，并不算是违反了它的所有者的意志。不仅在人类的事务中，凡是出于上帝之命的皆为正当；在自然之物中，上帝所行的，皆为自然的。对疑难三的解答：一事被称为属于自然法有两种含义。首先是本性所倾向。比如说，一个人不应伤害他人。其次，因为自然并未导致相反的情形。我们可以说人裸体是符合自然法的，因为自然并未给予他衣物；衣物是人的技艺（art）发明的。在这个意义上，共享一切和普遍的自由可以说是符合自然法的，因为财产所有权和奴隶制（此处马清槐先生译为"地役权"[192]）并非自然生成的（我所见的英文版皆译为 slavery [193] 拉丁原文为 servitus [194]）而是人类理性为了人类生活的利益之故而发明设计的。在这个意义上，自然法并未改变，只是增加而已。[195]

---

192 [意大利]托马斯·阿奎那（马清槐译）.阿奎那政治著作选[M]北京：商务印书馆 2009：118.

193 Summa Theologica,I-II,q94,5.Paul E.Sigmund.St.Thomas Aquinas on politics and ethics[M].
London：W.W.Norton & Company Inc,1988：52. Thomas Aquinas.Summa Theologiae English & Latin [M]Cambridge,New York：Cambridge University Press,2006：95

194. Thomas Aquinas.Summa Theologiae English & Latin [M]Cambridge,New York：Cambridge University Press,2006： 94

195 Summa Theologica,I-II,q94,5.

笔者按：这一条中对阿奎那疑难二的回答常常被学者们作为阿奎那否认有绝对道德的依据，但也有学者提出反驳，认为并非如此。[196] 如果我们的眼光不仅仅局限于"论法律"的这些章节，不难发现阿奎那在别处也多次论及违反自然法的做法是否可以宽免的问题。比如关于一夫多妻是否违反自然法以及如何宽免的问题，阿奎那的看法与这里如出一辙，自然法是天主铭刻于人心的，只有天主可以通过启示予以宽免。[197] 这不禁让人想起摩门教的命运，它的创始人即称受上帝启示并留下新的经书，从神学上来讲，这是符合逻辑的，上帝所禁止的，上帝也可改变，唯一可以质疑的，只能是启示的真伪。

而关于疑难三的回答，已经预先提示了近代自然法学家关于从自然状态到国家的思路。然而不同于近代思想家关于自然权利的激进思路。阿奎那轻而易举地化解了这个问题。首先，他并没有把国家奠基在自然权利的基础上，即国家是由人民为了维护自己的自然权利而以契约的方式构建的；其次，他并没有将私有财产及奴隶制当作与自然状态的对立面，在他那里，这只是对自然法的增添，并没有违背自然法甚至改变自然法。如今，相较而言更熟悉近代自然法/自然权利学说的我们回头来看阿奎那的处理方式，不能不想起布赖斯爵士（Lord Bryce）曾经发出的感慨，"两千年来一直无害的一个准则，一个道德的老生常谈"，在一个特定的时刻，突然之间竟然转变成为"粉碎了一个古老君主政体且震撼了欧洲大陆的一堆炸药"。[198]

第六个问题是自然法可否从人的心中废除。

疑难一：看上去似乎自然法可以从人心中废除，因为经上说："没有律法的外邦人"（《罗马书》2：14），注释说，被罪所消灭（blotted/cancellata）的关于正当的法律，经神的恩典又重新铭刻在人的心中。既然关于正当的法律就是自然法，那么自然法就能够被消灭/取消。疑难二：恩典的律法比自然法要更有效力。恩典的法律尚且会被罪所消灭，自然法更可能被罪所消灭。疑难三：法律所要建立的是正义。但很多违背自然法的事物，人却使其成为法律。所以自然法是可以从人的心中废除的。[199]

---

196 John Giles Mihaven.Toward a New Catholic Morality.[M]Carden city cha.10.See Paul E.Sigmund.St.Thomas Aquinas on politics and ethics[M]London：W.W.Norton & Company Inc,1988： 52

197 Summa Theologica,Sup,q65,1,2.

198 [意大利]登特列夫（李日章等译）.自然法：法律哲学导论[M].北京：新星出版社，2008：6.

199 Summa Theologica,I-II,q94,6.

　　与之相反，奥古斯丁说，（上帝的）法律刻在人的心中，没有任何不公正可以取消它的效力。写在人心中的法律即自然法，所以自然法是不能被消灭的。[200]

　　阿奎那回答说，自然法中，首先是为所有人都知晓的一般原则，其次是次级的和较具体的作为原则之推论的规则。这些一般原则是不能从人的心中被消灭的，但是理性在将这些一般原则应用于具体情况中时，由于欲望或其它激情的影响而受到干扰。就作为次级的规则而言，无论是出于邪恶的说教，还是由于不道德的风俗和堕落的习惯，如在特定人群中，偷窃和其它违反自然的恶行都不被看作是有罪的，自然法都有可能在人的心中被消灭。

　　对疑难一的解答：罪只是在具体的情形中消灭了自然法，而不是在普遍的意义上，或者如前所述在次级规则的意义上废除了自然法。对疑难二的解答：尽管恩典比本性/自然更有效，但是对人来说本性/自然比恩典更为本质，因而更为持久。对疑难三的解答：就自然法的次级规则而言这个论点是成立的，人类的立法者的确将违背自然法之事颁布为法律。[201]

　　由于阿奎那对自然法与人法作了作为原则和作为推论的区分，所以他在自然法能否被废除以及人法与自然法的关系上的立场是非常灵活的，他对人性的弱点有清醒的认识，所以人法中种种违背自然法之处并不对他的思想构成实质性的挑战，他承认作为次级规则的自然法可以因人的激情和欲望的干扰被废除。这种灵活的立场可以使他一直对现实保持批判而不至过度的悲观，尽管有很多违反自然的事被人法的制定者颁布为法律，但是这只能说明人性的软弱和易于堕落，并不能得出人有自己判断是非对错的权利，因为人的本性或作为原则的自然法是不能废除和改变的。这正是托马斯·阿奎那有别于现代自由主义的关键之处。

第五节　神　法

　　学者们通常都认为"神法是永恒法和自然法的具体化，但依然是原则性的，所以，它跟永恒法和自然法一样是必然的和永恒不变的。它是为了规范人类思想和行为避免出现差错而颁布的，它是人间一切法律的根据"。[202]赵敦

---

200 Ibid.

201 Ibid.

202 傅乐安.托马斯·阿奎那基督教哲学[M]上海：上海人民出版社，1990：196，刘素民.托马斯·阿奎那自然法思想研究[M].北京：人民出版社，2007：102

华先生说："神律表达了自然律最一般的原则。"[203]

傅乐安先生认为，"在托马斯·阿奎那的伦理学中，首先肯定永恒法及其所派生的自然法，把它们作为规范人类行为的基本原则，然后提出神法，作为基本原则的具体规定。这在一般的伦理学说中是罕见的，虽然有的伦理学家曾主张自然法，甚至把自然法说成永恒不变而近乎永恒法，但尚未提出神法这一概念加以总括和说明。这是托马斯·阿奎那的伦理学说，也是一切宗教伦理学说所具有的特点。"[204]

刘素民博士基本上同意傅乐安先生的看法，但对于"尚未提出神法之一概念加以总括和说明"则有所保留，改为"有的伦理学家虽然也曾提出'神法'的概念，但并没有将之在区别于'永恒法'的情况下加以总括和说明。因此，对'神法'的界定和诠释是托马斯·阿奎那自然法思想所特有的内容。"[205]按照刘素民博士关于自然法思想史的梳理，有理由相信此处所指的"虽然也曾提出'神法'的概念，但并没有将之在区别于'永恒法'的情况下加以总括和说明"是指奥古斯丁——既然奥古斯丁已经提出过神法，并将自然法视为对永恒法的分有，自然法是上帝印在人性上的"本性之律"[206]，就不能说尚未有人提出神法这一概念加以概括和说明，傅乐安先生的结论是正确的，"这是一切宗教伦理学说所具有的特点"，奥古斯丁作为教会史上重要思想家，他的学说当然符合这一特点，托马斯·阿奎那只是继承并发展了他的学说而已。托马斯·阿奎那的贡献在于，他将永恒法与神法进行了区分。所以刘素民博士说"在区别于永恒法的情况下"对神法"加以界定和解释"是托马斯·阿奎那的自然法思想所特有的内容。[207]

有学者总结说，神法的必要性在于人的理智生活的实际情况，即"人不是一个没有血肉的纯理智的人，而是有血有肉的人。人是一个具有自我个人的欲情和意见的个体的人。一个人的欲情和意见会影响他的理智生活……人不可能脱离现实而在真空中思考，人在思考时必然会受到一定条件的制约，因而会出现各种偏差和错误。"[208]"有些人或由于欲情，或由于腐败的习俗，

---

203 赵敦华.基督教哲学 1500 年[M].北京：人民出版社 1994： 407.

204 傅乐安.托马斯·阿奎那基督教哲学[M]上海：上海人民出版社，1990：193.

205 刘素民.托马斯·阿奎那自然法思想研究[M].北京：人民出版社，2007：99.

206 同上，78-79.

207 同上，99.

208 傅乐安.托马斯·阿奎那基督教哲学[M]上海：上海人民出版社，1990：194。

或由于不良的习惯，而缺乏理智。如凯撒的《高卢战争》一书中记载，过去在日耳曼民族哪里，盗窃并不被认为是坏的，虽然盗窃明显地违反自然法。"[209] "这并非自然法本身有什么差错，自然法是最普遍的，它适用于一切法律，但在个别特殊环境中可能出现不符合基本原则的反常现象。有时人们宁可感情用事，无视自然法。"理智可能被贪欲或某种欲望所影响，不能把普遍的原则应用到个别事情上。""比如有些人不仅不谴责盗窃的罪恶，甚至连违反本性的罪恶也不谴责。"[210]

　　需要指出的是，上文所引用的两段文字的出处分别是《神学大全》第2集上册第94题第4条和第6条，题目分别是"自然法是否对所有人都相同"和"自然法能否从人心中废除"，托马斯·阿奎那举这两个例子分别要论证的观点是"自然法就其作为一般原则而言，是对所有人都相同的，……但是在极少数的情形下，作为规范时出于特定的障碍并非对所有人都相同，而作为知识，由于一些人的理性被激情或恶习甚至邪恶的秉性所败坏，也不是对所有人都相同"[211]和"自然法中，作为一般原则是不能从人的心中被消灭的，但是理性在将这些一般原则应用于具体情况中时，由于欲望或其它激情的影响而受到干扰。就作为次级的规则而言，无论是出于邪恶的说教，还是由于不道德的风俗和堕落的习惯，如在特定人群中，偷窃和其它违反自然的恶行都不被看作是有罪的，自然法都有可能在人的心中被消灭"[212]。简言之，托马斯·阿奎那的原意是自然法作为具体的规则或知识而言在少数情况下的确不是对所有人都相同的，也是有可能在人心中被消灭的。因此这两个例子在他那里，并不是神法必要性的理由。

　　因此阿奎那恐怕不能接受这样的因果联系——"在这种情况下，为了使人们能够循规蹈矩，除了永恒法和自然法之外，上帝启示的神圣法律就显得十分必要了。因为《圣经》中的旧法和新法既是原则性的指导，又是具体的规范。如信奉上帝、孝敬父母、爱邻人等。故而神法可以指导人们的生活，免受情欲的蒙蔽。"[213]这些观点是有道理的，但不是托马斯·阿奎那的。接下来的说法倒是符合托马斯·阿奎那本人的观点——"何况，人生的目的并非仅仅此世的

209　同上。

210　同上，195。

211　Summa Theologica,I-II,q94,4.

212　Ibid,q94,6.

213　傅乐安.托马斯·阿奎那基督教哲学[M]上海：上海人民出版社，1990：194-195。

善，更值得追求的是永生即来世的善，而来世的善是超越人的本性的，是人仅凭自身的理性无法把握的，只能由上帝予以超自然的启示。"[214] 但是注释中所列的两个出处却与该段内容不符，《神学大全》第 2 集上册第 109 题第 5 条（Se l'uomo possa meritare la vita eterna, senza la grazia）和第 114 题第 2 条（Se uno senza la grazia possa meritare la vita eterna"）讨论的都是人若无恩典（grazia）是否配得永生（meritare la vita eterna）《反异教徒大全》第 3 卷第 147 章讨论的也是人为了获得幸福需要上帝的恩典（That Man stands in need of Divine Grace for the Gaining of Happiness）"恩典"与"神法"是有差别的，神法包括旧法和新法，得闻神法的未必蒙恩，神向所有人都颁下了福音，但是并非所有人都信神，用神学的话说，就是恩典未降临到他，自然也就得不了永生。

尽管阿奎那用很大篇幅专门讨论了神法的具体内容即旧法（old law）和新法或福音法（new law or law of the gospel）。[215] 但因为是纯粹的神学论题，除教会的神学家外，很难引起哲学界的兴趣。在《神学大全》中，托马斯·阿奎那直接对神法（divine law）的讨论至少有两条，都在"论各种法律"的章节中。

第一，是否需要一部神法。疑难一：看上去似乎不需要神法，如前所述，自然法是永恒法在我们之中的分有，永恒法是神圣的律法（Divine law），因此没必要在自然法之外再增添一部神法。疑难二：圣经上说："上主赋给他自决的能力。"（《德训篇》15：14）自决是一种理性的行为，因此人是置于理性的指导之下的，但是人类理性的命令即人法，所以人没有必要再置于神法之下。疑难三：人类的本性比非理性被造物要自足（self-sufficing）得多，但是非理性动物除了印于它们身上的自然倾向之外，尚且没有神法的指导，理性造物就更没有必要在自然法之外再增一部神法了。[216]

与之相反，大卫祈求上帝赐他一部律法，"上主，给我指出你章程的道路。"（《圣咏集》119：33，英国多米尼克修会版原注为 118：33，系按拉丁版通行本篇目）阿奎那回答说，对于人类的行为的引导，除了自然法和人法之外，神法也是必要的。它有四个理由支持：第一，法律是指导人为了其最终目的为其所当为（perform his proper acts in view of his last end）。如果人除了与他所具有的自然能力（natural faculty）相称的（proportionate）目的之外再无更进

---

214 同上,195.
215 Summa Theologica,I-II,q94-108.
216 Ibid,q91,4.

一步的目的，那么除了自然法及由其而来的人定法之外，他的理性无需其它指引。但是由于人注定有永福（eternal happiness）的目的，而这与他的自然能力是不相称的（inproportionate），因此为了指引他达致自己的目的，在自然法与人定法之外，上帝再给予他一部法律就是必要的。[217]

第二，人的判断力是不确定的，尤其是在偶然的和具体的事务上，不同的人对于人的行为有不同的判断，这也是为何世上有着不同的和冲突的法律的原因。为了让人毫无怀疑地知道他应当行的和应当避免的，上帝给人一部指导其恰当行为的法律是必要的，因为上帝的法律是不可能错的。

第三，人在他的能力足以判断的事务上能够制定法律。但是人只足以判断外在的行为，不足以判断内在的动机，而德性的完善这两者皆不可少，因此人法不足以约束和指引人的内在行为，有必要增加神法。

第四，如奥古斯丁所说，人法不足以惩罚（punish）或禁止（forbid）所有恶行（evil deeds）：因为在打击一切邪恶的同时，也会伤害很多善，而这样会妨碍人类社会所必需的共同善的推进。为了不让邪恶逃脱惩罚和禁止，增加神法是必要的，因为神法禁止一切的罪（sin）。

所有这四条理由都见于圣经，"上主的法律完善的（unspotted）"也就是不容任何罪的污染的，"能畅快人灵"，因其不仅指导外在，还指引内心，"上主的约章是忠诚的"，因其是确定的关于什么真和正确的宣告，"能开启愚蒙"即指导人朝向超自然的神圣的目的。（原注按拉丁通行本为《圣咏集》118：8，对应思高版为19：8）

对疑难一的解答：通过自然法，永恒法被相称地分有于人的自然本性。但是为了达致他的超自然的目的需要以更高的方式予以指引。因此由上帝增立了法律，以便人能够更完全地（perfectly）分享（share）永恒法。对疑难二的解答：自决是一种探究，因此它需要出自某些原则，但是由于前述理由，本性中所具有的原则，也就是自然法的规则是不够的，所以需要额外的原则，也就是神法的规定。对疑难三的解答：神并未为非理性动物安排（ordain）相对于其本能来说更高的目的，因此这个比较是无效的。[218]

从以上可以看出，神法的必要性在于就上帝为人所安排的目的（永福）来说，仅有自然法是不够的，从自然法而来的人法更是不够，人不同于动物，

---

217 Ibid.
218 Ibid.

就在于他注定要倾向更高的目的，这是出于神的安排，所以在自然法之外颁布神法也就是必要的了。人仅凭自己的本性和理性所认识的自然法，不足以完成这个神圣的目的，可以说，神法的必要性再一次说明了自然法的不足，尽管相较于动物而言，人通过自然法对永恒法的分有/参与是更完善的参与，但是要实现其超自然的神圣的目的（永福），他需要以更完善的方式分有/参与永恒法，这就是神法。

关于神法的必要性，学者们通常根据托马斯·阿奎那在《神学大全》中的论述归纳为四点："其一，人的最终目的在于来世的永生，为了达到这个目的，单凭人的本性能力是不够的，必须有上帝超自然的帮助即上帝通过先知所启示的法律。其二，人的判断不都是正确的，难免不受偏见和私情的蒙蔽，特别遇到特殊情况和偶然事件，更容易偏离正确的方向。神法却以绝对的正确性排除任何错误。其三，一般的法律只能制裁人的外表行为，无法制裁人的内心动机和行为。神法却能给人以内外的约束力。其四，一般的法律受到时空的限制，不可能阻止或惩罚所有的罪恶，神法却永远有效，能够阻止或惩罚所有的罪恶，由此可见，'为了指导人生，必须有神法'。"[219]但是对照上文来看，归纳得并不准确。第二条人的判断并非不都是正确的，而是有不确定性，所以对同样的行为有不同的判断，乃至有不同的和冲突的法律，"偏见和私情的蒙蔽"云云，并无根据。第四条说一般的法律"受到时空的限制"[220]也与托马斯·阿奎那所举的理由相去甚远。更值得一提的是，所谓"一般的法律"所指模糊，应该直接表述为人定法。

有学者对"神法"作了如下的介绍："托马斯·阿奎那论述的神法，是从基督教《圣经》中归纳出来的。它包括《旧约》中上帝通过先知所作的启示和《新约》中耶稣基督所宣讲的道理。再具体地说，旧约时代先知摩西在西奈山上接受上帝启示之后向犹太民族颁布的'十条诫命'，以及新约时代耶稣基督作为上帝之子亲自向其门徒和信徒们所宣讲的'福音'。福音中曾明确宣布'爱上帝而爱人类是最大的诫命'。"[221]托马斯根据教会的传统教义，称前者为'旧法'（Lex vetus），后者为'新法'或'福音法'（Lex nova vel Lex evangelica），

---

219 傅乐安.托马斯·阿奎那基督教哲学[M]上海：上海人民出版社，1990：195，刘素民.托马斯·阿奎那自然法思想研究[M].北京：人民出版社，2007：101-102.

220 刘素民.托马斯·阿奎那自然法思想研究[M]..北京：人民出版社，2007：102.

221 傅乐安.托马斯·阿奎那基督教哲学[M]上海：上海人民出版社，1990：193.

二者合在一起，通称为'神法'即上帝宣布的神圣法律（Lex sancta）。"[222]

严格来说，这段话不是托马斯·阿奎那关于神法的观点，而是教会关于神法的传统教义即什么是旧法，什么是新法。所以在该段文字的注释中，都是圣经的相关章节，而不是《神学大全》或阿奎那其它著作。托马斯·阿奎那在《神学大全》中所解决的两个问题则完全没有涉及，即神法究竟是一是二，旧法与新法的区别何在。

按照托马斯·阿奎那的区分，两者之间是不完善与完善的关系，旧法对应的是尘世的暂时的善，新法对应的是天国的永恒的善；从而旧法管理的是外在行为，新法管理的是人的内心；旧法是通过惩罚，通过人的畏惧来约束人，新法则是通过爱，通过基督的恩典来指引人。也就是前文所说的，相对于自然法而言，神法是更完善的对永恒法的分享（share），人的法律只能指导人的外在行为，神法却有内外双重的约束力。这双重的约束力分别体现在旧法和新法上，旧法约束的是手，新法约束的是心。（lex vetus cohibet manum, lex nova animum.）旧法靠的是畏惧的力量，新法靠的是爱的力量。唐逸先生将这两点综合在一起，译为："前者用 timor（畏）约束行为，后者以 amor（爱，即基督的恩典）引导内在的诚。"[223]可谓得其精要。

还有学者对"神法"进行了更为详尽细致的介绍："托马斯·阿奎那所说的'神法'，是从基督教《圣经》中归纳出来的，它包括《旧约》中上帝通过先知所作的启示以及《新约》中的耶稣基督所宣讲的道理。具体来讲，'神法'可以划分为'旧约时代的启示法'和'新约时代的启示法或福音法'（Evangelical law）两种。按照时间先后，'旧约时代的启示法'又可以分为两个时段的内容：第一个时段是指从人受造之始到'十诫'的公布，具体表述为：遵守安息日（《创世纪》第 2、3 章）；祭神（《创世纪》第 4 章第 2-5 节）；婚姻的单一性及永久性（《创世纪》第 2 章第 24 节）；割礼（《创世纪》第 17 章第 10 节）。犹太人遵守这些法律一直到十诫的公布为止。'旧约时代的启示法'的第二个时段指的是摩西时代，即从摩西直到基督的来临。具体而言，这些法律就是先知摩西在西奈山上接受上帝启示之后向犹太民族颁布的'十条诫命（Ten Commandments）'。'十诫'不但为了犹太民族，而且为了全人类，因为这些法在神造人时已深深地刻在人心之中，是'自然法'的外化、文字化。'摩西

---

222 同上.
223 唐逸.理性与信仰[M].桂林：广西师范大学出版社，2005：266.

十诫'的颁布，标志着《旧约》里先前单为犹太人所规定的一些礼仪法已经被基督所取消，因此，人若仍旧遵守那些已为基督所取消之法，不仅徒劳无功，而且属于犯罪，因为，那样做等于否认基督是合法的弥赛亚及人类的救世主。"[224]

严格来说，"爱上帝而爱人类是最大的诫命"并非圣经原文，而是一种对经文的并不准确的概括。这段译文出自傅乐安先生的手笔，圣经原文是两条诫命："你应全心，全灵，全意，爱上主你的天主。"（《马太福音》22：37）和"你应当爱近人，如你自己"（《马太福音》22：39），"最大的诫命"只是爱上帝（《马太福音》22：38），"爱近人"是"与此相似"的"第二条诫命"（《马太福音》22：39）。至于"摩西十诫的颁布"与"为犹太人所规定的一些礼仪法已经被基督所取消"[225]之间的关系，值得探讨。

"福音法是神自己规定的，因此，神可以自己加以宽免或透过他的合法代理人加以宽免。"[226] 与之类似的说法托马斯·阿奎那在讨论自然法是否可以被改变时说过，结论也是类似的，既然一切出于神，自然就是公正的，如娶一个娼妇为妻及偷窃等[227]，但是福音法是否可以宽免，托马斯并未论及。

更为本质的问题在于，这一段文字是在介绍教会的传统教义而不是在论述托马斯·阿奎那关于神法的思想。托马斯·阿奎那关于神法只讨论过两个问题，一是神法的必要性，二是神法是一是二。首先是"是否只有一部神法？"[228] 疑难一：看上去似乎只有一部神法，因为在一个王国里只有一个国王一部法律。既然对人类而言，上帝被比作一个国王，按照圣经上说的"天主是普世的君王"（《圣咏集》46：8），因此只有一部神法。疑难二：所有的法律都是由法律制定者按照一定的目的制定的，这个目的是他为受其统治者所安排的。但是上帝为所有的人安排的是同一个目的。如圣经上所说："因为他愿意所有的人都得救，并得以认识真理。"（《提摩太前书》2：4）因此只有一部神法。疑难三：恩典的启示高于自然的知识，因此相对于自然法来说，看上去神法与永恒法更近，而永恒法是独一的。自然法对所有的人都是同一的（拉丁文版 Sed lex naturalis est una omnium hominum.意大利文版 Ma la legge

224 刘素民.托马斯·阿奎那自然法思想研究[M]..北京：人民出版社，2007：99.
225 同上.
226 同上，101.
227 Summa Theologica,I-II,q94,5.
228 Ibid.

naturale è unica per tutti gli uomini. 笔者按：英译本漏译这一句，遂致上下文不可解，对照拉丁文及意大利文版，补上此句），因此神法更应为同一的。[229]

与之相反，使徒（保罗）说："如今司祭职一变更，法律也必然变更。"（《希伯来书》7：12）但是司祭是两部分的，如同一篇中所述，一是利未族的司祭，一是基督的司祭。因此神法也有两部分，即旧法（Old Law）和新法（New Law）。

托马斯·阿奎那回答说，区别（distinction）是数的原因。如今事物可以两种方式进行区分。首先是就其整体而言明确地不同，比如一匹马和一只公牛是不同的。其次，是在同一种类中完善和不完善的区别。比如一个男孩和一个男人。在这个意义上神法可以区分为旧的和新的。因此使徒将人在旧法下的状态比作"在启蒙师权下"，将在新法下的状态比作"不再处於启蒙师权下"。（加拉太书3：24,25）

如前所述，这两部法的完善与不完善与属于法的三种条件相联系。首先，法律以共同善作为目的，这"善"（good）可以区分为两重含义，它可以是可感觉的尘世的善，即旧法所指导的，它的开端就是引领去迦南人的尘世王国（《出埃及记》3：8,17），也可以是可理解的天国的善，即新法所要指导的。在基督开始布道的时候，他邀请人们去天上的国，"你们悔改罢！因为天国临近了。"（《马太福音》4：17）因此奥古斯丁说，关于现世的（temporal暂时的）善的允诺包含在旧约之中，这是它被称为旧的缘故；关于永生的允诺则包含在新约中。其次，法指引人们按照正义（righteousness）行事，新法之所以超越旧法，就在于它指引内心的行为，"除非你们的义德超过经师和法利塞人的义德，你们决进不了天国。"（《马太福音》5：20），因此可以说，旧法约束的是手，而新法管的是心。第三，法总是劝诱人们遵从它的命令。旧法是以对惩罚的畏惧来做到这一点的，但是新法则是通过爱，这爱是由基督的恩典注入我们心中的，这是由旧法所预示（foreshadow）的，由新法所赐予（bestow）的。因此奥古斯丁说，在律法和福音之间只有极小的区别——畏与爱。（quod brevis differentia est legis et Evangelii, timor et amor.笔者按：这里是就拉丁文的"畏"与"爱"的单词而言，畏的拉丁文是timor，爱的拉丁文是amor，它们从字面上看，后半部分是相同的，都是mor，只是开头字母有差异）

对疑难一的解答：正如一个家庭中，父亲对孩子和成人发布不同的命令，上帝作为独一的君王，在他的王国中，当人处于不完善的状态时给他们一部

---

229 Ibid.

法律；当由前法已经使他们具备更多能力去追寻神圣之物时，就会颁布给他们一部更完善的法律。

对疑难二的解答：按照圣经，若无基督，人不可能得拯救，"除他以外……没有赐下别的名字，使我们赖以得救的。"（《使徒行传》4：12）因此那拯救一切人的法律在基督来临之前是不会被颁布的，但在他诞生之前人们需要法律的指引，使得他们保持公义，做好得救的初步准备，以迎接基督的到来。

对疑难三的解答：自然法是通过一些普遍的规则来指导人的，无论是对完善的还是不完善的人，所以它对所有人都是同样的。但是神法则在具体的事务中指导人，因此对完善的和不完善的态度是不同的，所以需要有两部神法。

这一问题神学色彩颇为浓厚，向来为研究者所忽略，以至笔者所见的著作中，在介绍托马斯·阿奎那的神法思想时，皆未论及神法究竟是一是二以及两者之间关系的问题。

第六节　人　法

关于人法，阿奎那在第 91 题第 3 条中讨论了是否存在人法，然后在第 95 题对人法进行了专门讨论，在第 96 题讨论了它的效力。

首先是关于是否存在人法？疑难一：看上去似乎不存在人法，因为自然法是对永恒法的分有/参与（participation），如奥古斯丁所说，通过永恒法一切皆得其所，因此自然法足以安排人类事务的秩序，没必要再来一部人法。疑难二：如前所述，法律具有尺度（measure）的特性，而人类理性并非事物的尺度，毋宁说恰恰相反，如亚里士多德在《形而上学》第十卷第五章所说的。因为从人类理性中产生不了任何法律。疑难三：如《形而上学》第十卷第三章所说，尺度是最确定的，但是人类理性关于行为的决定是不确定的，如圣经上所说，"有死的人的思想，常是不定的，我们人的计谋常是无常的。"（《智慧篇》9：14）因此从人类的理性中产生不了任何法律。

与之相反，奥古斯丁区别了两种法律，一种是永恒的，一种是暂时的（temporal），也就是被他称为人法的。

托马斯·阿奎那回答说，如前所述，法律是实践理性的决定，无论是实践理性还是思辨理性都遵循同样的过程，即从原则到结论。同样地，我们说，正如在思辨理性领域，我们从自然知晓的不证自明的原则出发，得出各门学科的结论，这些知识并非我们生而知之的，而是通过我们理性的努力而求得的，同样的，从自然法的规则（precept）出发，正如从不证自明的的原则出发一样，人类理性需要在特定的事情上作出具体的决定。这些由人类理性作出的具体的决定，当其合乎法律的诸要素时（如第 90 题所阐述的），就叫做人法。因此西塞罗（拉丁文版为 Tullius，英文版译为 Tully，意大利文版直接译为 cicerone，按 Tullius 为西塞罗全名 Marcus Tullius Cicero 的中间部分，即他家族的名字）在他的《修辞学》第二卷中说，正义源于自然；因此有的东西因有用而成为习惯（custom），之后这些出于自然又为习惯所认可之物，因为畏惧和敬重而成为法律。

对疑难一的回答：人类理性不能完全地分有神圣理性的决定，而是按照自己的模式不完全地分有。因此，就思辨理性而言，通过对神圣智慧的自然的分有，我们心中拥有一些一般原则的知识，但是并非像神圣智慧那样拥有关于所有真理的全部知识；在实践理性领域同样如此，就特定的一般原则而言，人对永恒法有自然的分有，但是关于个别情形的具体决定则只包含在永恒法之中。因此需要人类理性通过法令的形式对这些具体情形作出决定。

对疑难二的回答：人类理性就其自身而言（in itself）并非事物的尺度。但是自然在心中印上的原则是与人类行为有关的一切事物的一般规则和尺度。在这个意义上人类理性是规则和尺度，但并非自然中万物的尺度。

对疑难三的解答：思辨理性是对应于必然之物的，实践理性是关于偶然的个别事物的，所以人法不可能像科学所推导的结论那样准确无误（inerrancy），况且没有必要要求所有的尺度同样的确定和无误，而是要按照其所属的具体种类所允许的可能。

这一条是关于是否存在人法，结合阿奎那对疑难的回答可以看出，人法是存在的，因为通过自然法对永恒法的参与人所了解的只是一些原则，这些原则构成了人类事务的尺度，但是在具体情形中的应用（从原则到结论）是需要人运用自己的理性的，而且与思辨理性不同，这些结论没有思辨理性所得出的结论那样的确定和无误，但是由于不同的学科对准确性的要求不同，人法并不需要像科学那样确定和无误。在阿奎那的回答之中，我们可以再次确定，关于法的要素是适用于一切法而非仅仅关于人法的，因为他说，当我们运用理性从原则得出结论时，同时附加了一个条件，即当这些结论符合之前关于法律要素的诸规定时，即被称为人法。研究阿奎那的学者 Paul E.Sigmund 也是这样归纳的，"理性对自然法的概念按照从前提到具体应用的方式所作出的决定就叫作人法。"（Those particular dispositions arrived at by reason are called human law.）[230]

第 95 题共有 4 条，分别关于人法的有用性、根源、特性和划分。

第一条是人类制定的法律是否有用？[231]疑难有三：

疑难一：看上去人类制定的法律没什么用处。因为如前所述，任何法律的目的都是为了引人向善，但是相较于违背他们意志的法律，劝告（admonition）的效果似乎更好，它可以使人自愿地向善。

疑难二：如哲学家在《尼各马可伦理学》第五卷第四章所说，人们将法官当作活的正义，向其求助。但是活的正义优于法律中所包含的无生命的正义，因此正义的执行应当交托给法官的决定，而不是法律的制定。

疑难三：如前所述，所有法律的制定都是为了指导人的行为。但是因为人的行为都是关于具体事务的，这些事务在数量上是无限多的，除非有一个智慧的人对每一事务都进行干预，否则不可能对人类事务进行深思熟虑的指导。因此由一个智慧的人来对人类事务进行指导要好过制定法律。因此不需要人法。

与之相反，圣伊西多尔（Isidore）说，法律之所以被制定，是为了通过恐惧的力量来压制人的放肆，使无辜者遇到不公正时得到帮助，通过对惩罚的畏惧来制止恶人为害。而这些事情在人类当中是经常发生的，所以有必要制定人法。

托马斯·阿奎那回答说，如前所述，人对于德性有自然的倾向，但是人想实现德性的完满需要一些训练。我们看到勤劳有助于人获得自己的必需品，如衣食。这些都肇始于自然，即他的理性和他的双手。但是不同于其它动物，自然给予它们充足的衣食，人则没有这样完全的装备。在这样的训练中，人并没有做好充足的准备。因为德性的完满要求人摆脱不当的（undue）快乐，而这些快乐恰恰是人、尤其是最需要训练的年轻人所自然倾向的。因此人为了德性的完全需要从其他人那里得到训练。对那些或出于自身良好的秉性、

230 Paul E.Sigmund.St.Thomas Aquinas on politics and ethics[M]London：W.W.Norton & Company Inc,1988：53.
231 Summa Theologica,I-II,q95,1.

或由于良好的风俗、或由于上帝的恩赐（gift of God）而自然倾向于合乎德性的行为的年轻人来说，以告诫的方式给予父亲般的训练就足够了。而对那些已堕落的、倾向于邪恶以及不那么容易接受劝导的年轻人来说，有必要通过强制和恐惧的力量让他们远离邪恶，这样至少可以让他们免于恶行，让他人得保安宁（peace），对他们自身来说，以习惯成自然的方式让原本因恐惧而导致的行为成为他们自愿的内容，从而成为有德性的人。这种通过对惩罚的恐惧而进行的训练，就是法律的训练。因此为了人的安宁和德性，有必要制定法律。正如哲学家（亚里士多德）在《政治学》第一卷第二章说的，人若在德性上完善，则为所有动物之最高贵者；若其脱离法律和正义，则为最低贱者。因为人能够运用他的理性来设计满足其欲望和邪恶的激情的方式，而动物则没有这个能力。[232]

对疑难一的回答：对那些秉性良好的人来说，劝诫的方式要比强迫的方式能更好地让他们自愿地完成德性。但对那些秉性不良的人来说，若不强迫则无获得德性之可能。

对疑难二的回答：正如哲学家在《修辞学》第一卷第一章所说的，将一切交给法律来控制，要比交给法官来决定要好。这是出于三个理由。首先，找到一些有智慧的人来制定法律，要比找出许多有智慧的人对每一具体情形进行正确的指导要容易。第二，那些制定法律的人有很多的时间可以考虑法律的所要完成的内容，而那些指导每一具体案例之人则必须在它发生之时就宣布其决定，通过将许多实例进行考虑要比仅仅考虑单独一个事实更容易发现什么是正确的。第三，立法者是对抽象的和未来的事进行判断（不受情绪的干扰，他们的判断较为公正），而那些对当下之事进行判断者容易受到爱、恨和贪婪之类的干扰，故而他们的判断容易扭曲。

既然不是每个人都具备法官所拥有的活的正义，而且这正义也容易受到扭曲，所以只要有可能，就有必要让法律来决定如何裁决，只有极少数的事务留给人来判断。

对疑难三的回答：法律所不能涵盖的一些个别情况有必要交由法官来处理，如哲学家在同一章中所说的，比如那些已发生或没有发生的事情，诸如此类。[233]

---

232 Ibid.
233 Ibid.

本条实际上讨论了两个问题，人法的必要性和法治相对于人治的优越性。相对于将事务交由有智慧的人处理的人治思路，托马斯·阿奎那引用亚里士多德的看法，列举了法治的优点以及人治的缺点，在这个意义上证明人法是必要的。这可以说是阿奎那所继承的亚里士多德的法律观。但是关于人法必要性的思想则是阿奎那本人的。必要性的基础是对人的秉性的区分。按照阿奎那的看法，人都是趋向于德性的，但是有种种干扰。对那些秉性良好的人来说，成就德性无需法律的强迫，劝诫就足够了，但对那些秉性不良的人来说，若无法律的威慑，不仅他们自己不能成就德性，还会给他人带来危害，所以人法是必要的。在此值得注意的是阿奎那所援引的亚里士多德在《政治学》中的一段论述，足以令习于自由主义话语的当代人警醒——"人若德性完满，则为一切动物之最高贵者；若其脱离法律和正义，则为最低贱者。"（Man is the noblest of animals if he is perfect in virtue,but if he departs from law and justice he is the worst.[234]）因为与动物不同，人具有理性的武器，能够用来满足其激情和本能。这句话有不同的翻译，有学者译为人具有动物所没有的理性的武器，能够去除（get rid of）性欲和残忍。[235] 马清槐先生也是采取这样的译法，即"人和其他动物不同，他拥有可以用来抑制卑鄙欲念和残暴行为的理性这一武器"[236]。而意大利文版则采取跟英国多米尼克修会神父版相同的解释，即人能够运用理性武器去满足他的淫欲和残忍。这里涉及到对原文的辨识，如果认为原文是"Expellendas"（expellere），则对应英文为 expel，作"驱逐，开除"解，如果认为原文是"explendas"（explendere），则对应英文为 satisfy，只能作"满足"解。剑桥版的译者认为此处作"去除"解更说得通[237]。无论作何种解释，阿奎那的原意都是理性应当控制或去除淫欲和残忍而不是相反，这与霍布斯的想法正相反。

第二条是是否所有的人法都是源于自然法？

---

234 Paul E.Sigmund.St.Thomas Aquinas on politics and ethics[M]London：W.W.Norton & Company Inc,1988：53.

235 Summa Theologiae English & Latin （Volume28 Law and political theory）[M]Cambridge,New York：Cambridge University Press,2006：103.

236 [意大利]托马斯·阿奎那（马清槐译）.阿奎那政治著作选[M]北京：商务印书馆 2009：119.

237 "The argument seems better when the verb expleo has the privative ex, to unload,disembark." Summa Theologiae English & Latin（Volume28 Law and political theory）[M]Cambridge,New York：Cambridge University Press,2006：103.

疑难一：看上去并非所有的人法都是源于自然法。因为哲学家在《尼各马可伦理学》第五卷第七章说过，法律的公正在开始时，是既可以这样也可以那样（译文据意大利文本，参考苗力田译本）。而自然的公正则并非如此。因此人法并非源于自然法。[238]

疑难二：圣伊西多尔（Isidore）和哲学家都是将实在法（positive law）作为对照与自然法进行区别的。如前所述，从自然法的基本原则中所得出的结论依然属于自然法，因此由人法所规定的不属于自然法。

疑难三：法律的本质是对所有人都一样，而哲学家在《尼各马可伦理学》第五卷第七章说，自然的公正就是在哪里都一样，如果人法是由自然法而来的，它也应当到处都一样，而这显然是错的。

疑难四：对源于自然法之物给出理由是可能的，但是如法学家在查士丁尼法典中所说，对立法者所制定的所有法律都给出理由是不可能的。

与之相反，西塞罗在《修辞学》第二卷中说，源于自然之物也为习惯所接受，因恐惧和尊敬而被认可为法律。

阿奎那回答说，如奥古斯丁在《论意志自由》中所说，不公正的法律就不是法律。一条命令之所以具有法律的力量就看它在多大程度上符合正义。在人类事务中，一事被称为公正是由理性的规则来认定的，而理性的第一规则就是自然法。因此每一条人法之具有法律的本质，就在于它源于自然法。但是如果在任何一点上它偏离了自然法，它就不再是法律而是法律的堕落（perversion）。

但是要注意凡事源于自然法有两种方式。首先是由前提到结论，其次是根据普遍原则（generality）作出决定。第一种方式就像在科学中，由原则推导出结论。第二种则像是在技艺中，将一般的形式具体化：如工匠要将关于房屋的一般形式确定为特定的形状。有些源于自然法之物遵循的是从原则到结论的方式，比如"不可杀人"是由"人不应受伤害"的原则推导出来的。有些则是以作出决定的方式源于自然法的。自然法要求对犯有恶行者（evil-doer）进行惩罚，但是以这种还是那种方式惩罚则是对自然法的（具体适用的）决定。

同样地，这两种方式都见于人法。但是那些由第一种方式源于自然法的，不仅因其是人法而具有效力，同时也具有自然法的某些力量。但是那些以第二种方式源于自然法的，则只具有人法的力量。

---

238 Summa Theologica,I-II,q95,2.

对疑难一的解答：哲学家所讲的是以决定（determination）或具体化（specification）的方式源于自然法的规则的法律。

对疑难二的解答：这一论点对于以结论的方式出于自然法的法律是成立的。

对疑难三的解答：因为人类事务的庞大数量，自然法的一般原则无法以同样的方式应用于所有的人，因此在不同的人民之中有着不同的实证法。

对疑难四的解答：法学家的这些话说的是统治者根据自然法对具体问题作出决定时的情形。在根据原则对具体事务作出决定时，专家们一看就知道最好的决定是什么。因此哲学家在《尼各马可伦理学》第六卷第十一章中教导说，对专家、老人和明智的人的主张和意见，无论是已经证明的还是未经证明的，我们应当给予同样的重视。[239]

阿奎那在这段讨论中说出了让研究者们屡屡引用的一句话，即人法之成其为法律，就在于它源于自然法，若其在任何一点上偏离了自然法，则不再是法律，而是法律的堕落。这并非他的思想，从原文中至少可以看出，这是他引用的奥古斯丁的话。阿奎那的思想在他对这句话的阐释之中。即如何理解这一堕落？阿奎那之前说了人法之源于自然法，就在于他是运用理性，而理性的第一规则就是自然法。倘若偏离了自然法，也就是偏离了理性，那不是法律而是法律的堕落，因为根据阿奎那关于法律要素的定义，法律是属于理性的。人法因源于自然法而被称为法律，但人法的效力并不同于自然法的效力，其中以由原则到结论的方式由自然法推导出的同样具有自然法的效力，那些具体化的决定则只具有人法的效力。

阿奎那还讨论了一个问题，如果人法是源于自然法的，为什么人法因地而异，自然法却处处皆同。这是他要解决的疑难，他通过区分人法源于自然法的两种方式解决了这个问题，而这却为大多数研究者所忽略了，自然法是处处皆同的，源于自然法的人法如果是按照从前提到结论的方式，也就具有自然法的效力，因而也是处处皆同的，但是以具体化的方式源于自然法的则不同，因为具体化有很多方式，所以可以因地而异，但是这些人法就不具有自然法的效力。

第三条是圣伊西多尔（Isidore）关于实在法的特性（quality）的描述是否恰当？[240]

---

239 Ibid.

240 Summa Theologica，I-II,q95,3.

疑难一：看上去圣伊西多尔关于实在法特性的描述是不恰当的，当他说法律应当是合乎德性的（virtuous）[更准确的译法是正直的 honourable]，公正的，就自然而言可能的，与当地的习惯一致，合乎当时当地的情形，必然的，有用的，清楚地表述以免因模糊性而导致误解，不是出于维护私人利益的目的而是为了共同的善。因为之前他已经说了法律有三个要件：基于理性且与宗教一致（foster religion），有助于纪律（discipline）和促进公共福利，所以没有必要再增加这些限定。

疑难二：如西塞罗（Tully）所说，公正包含于正直之中（iustitia pars est honestatis），因此说完正直之后再说公正就显得多余了。（按：此处系多米尼克修会神父版翻译的疏忽，按拉丁文版和意大利文版，法律应当是正直的（honesta，onesta），但是多米尼克修会版译为合乎德性的（virtuous），从而导致上下文不连贯，让人不知所云。）剑桥大学出版社出版的拉英对照版分别译为 fairness 和 hourableness，避免了理解上的困难。[241]

疑难三：按圣伊西多尔所说，成文法与习惯是不同的，因此关于法律的定义中不应当有"与当地的习惯一致"。

疑难四：一物之为必然的有两种方式。一是单纯的必然，即没有其它可能，而以这种方式成为必然的不受人类判断的影响，故而人类法不考虑这种必然。另一种方式是达到目的的必然，在这个意义上等同于有用性。因此同时说"必然的"和"有用的"就显得多余。

与之相反，圣伊西多尔的权威是不容质疑的。

阿奎那回答说，为了达致目的，一物的形式必须与其欲达致的目的相称，如锯的形式适合于切割。此外，任何被统治和支配（ruled and measured）之物必须有与其规则和尺度（rule and measure）相称的形式。这些规定都适用于人法：因为它既是为了达到某个目的，也是由更高的规则和尺度统治和支配的一种规则和尺度。这个更高的规则有两部分，即神法和自然法。人法的目的对人是有用的，如法学家所说的。而圣伊西多尔最初为法的本质确定了三个要件，"与宗教相一致"（foster religion）指的就是与神法一致；"有助于纪律"指的是与自然法相一致；"推进公共福利"则关乎于人类的公益。

所有其它的限定都可以还原（reduce）为这三条。正直的即意味与宗教相一致，当他说"公正的，就自然而言是可能的，与当地的习惯相一致，适合

---

241 Ibid.

于当时当地"时，意味着它应当有助于纪律（discipline），因为人类的纪律首先依赖理性的统治，也即他所说的"公正的"，其次它依赖行为者（agent）的能力，因为考虑到自然的能力有大小（孩子和成人不应承受同样的负担），纪律应与每个人的能力相适应，并且符合人们的习惯，因为没有人能够无需他人的帮助单独生存于社会之中；第三，它依赖特定的环境，故而他说"适应当时当地"，"必然的"和"有用的"意味着法律应当有益于推进共同福利，所以"必然的"指去除邪恶，"有用的"则是指对善的获得；"清楚的表述"是为了防止因法律自身的原因而带来任何害处。因此，如前所述，法律是为了共同的善，这是圣伊西多尔的描述的最后部分。

以上足以解答诸疑难。[242]

这一段阿奎那实际是在为圣伊西多尔对法律的定义进行辩护，因为它对法律既规定了三大要件，又给出了九项规定，阿奎那的论点在于这并非多余，九项规定是对三大要件的具体阐述，两者是一致的。有学者指出，"合理的人法应具备以下特征：一，可能的，不仅是物理意义上的可能，还有伦理意义上的可能；二，正直的，不能违反更高的法或原则；三，有益的，有利于公众利益，即使有时会对私人利益造成损害；四，公正的，也就是合乎正义的；五，稳定的，不可朝令夕改，让人无所适从；六，为公众所知，以便遵循。"[243]因为不知出处，无法评价。值得指出的是，这九大要件与后世所谓"程序的自然法"有相通之处，从而也可以使我们更加确定，而现代所谓的自然法在阿奎那那里只是关于人法的特性。由此可见在同一个自然法的名词之下，中世纪和现代所讲的完全是不同的东西。

第四条圣伊西多尔关于人法的分类是否合适？[244]

疑难一：看上去圣伊西多尔对人法的区分是错误的。因为他将万民法（law of nations）包含于人法之下，因为几乎所有的民族都使用它。但他又说，自然法是所有民族所共有的。因此万民法并不属于实在的人法，而应属于自然法。

疑难二：具有相同效力的法律，其区别不在于形式而是质料。但是圣伊西多尔所提及的法律、平民大会的决议和元老院的法令以及其它诸如此类之

242 Ibid.

243 刘素民.托马斯·阿奎那自然法思想研究[M].北京：人民出版社，2007：103。

244 Summa Theologica, I-II,q95,4.

物，都具有相同的效力，所以它们除了质料（内容）之外，并无区别。但这种（内容的）区别在科学中（拉丁文和英译本皆为 arte 和 art，意大利文版译为 scienza）是没有意义的，因为它有无穷多。因此这种区分是不适当的。

疑难三：在国家之中，有君主、牧师和士兵，以及其它人类机构。因此既然这划分中包含对应于牧师和官员的"军法"（military law）和"公法"，那么也应当包含对应国家其它机构的相应法律。

疑难四：那些偶然的事情不应被考虑。但是法律由这个人或那个人来制定是偶然的。因此将法律按照它的立法者来进行划分为诸如科尔内利乌斯法（Lex Cornelia）和法基狄乌斯法（Lex Falcidia），是不合理的。

与之相反，圣伊西多尔的权威是不容质疑的。

托马斯·阿奎那回答说，一物可以就其本质属性所包含的内容进行恰当的划分。如灵魂是无论是理性的还是非理性的都包含于动物这个概念。因此动物可以恰当地就其是理性的或非理性的进行划分，但不能就其是白是黑进行划分，因为黑和白不包含于动物的概念之中。既然人法的概念中包含着很多东西，从而人法可以据之进行恰当的划分。首先就人法的概念来说，它是源于自然法的。在这个意义上它可以按照不同的源于自然法的方式分为万民法（law of nations）和市民法（civil law），如前所述，万民法所包含的是那些以从前提到结论的方式源于自然法的内容，比如说，公正的买卖是人类生活所必需的，这是出于自然法的，因为如《政治学》第一卷第 2 节所说，人就其本性而言乃是社会的动物。但是以具体化决定的方式源于自然法的，则属于市民法，由各个国家按照对其最适合的方式作出决定。

第二，人法就其概念而言还包含有为了共同善的目的，从这个角度可以按照以不同的方式为共同的善工作的人来划分，比如，牧师通过为人民向上帝祈祷的方式，君主通过统治人民的方式，士兵通过为人民的安全而战的方式。从而有特定种类的法律适用于他们。

第三，人法的概念中还包含统治国家共同体的统治者的要素，在这个意义上，对应于不同的统治形式有不同的人法。按照哲学家在《政治学》第三卷第十章中所作的划分，有君主政体（monarchy），即国家由一人统治，从而有"王室法令"（Royal Ordinance）；有贵族政体（aristocracy），即国家由最好的最高尚的人们来统治，从而有权威的法律意见（authoritative legal opinions）和元老院的法令（Decrees of the Senate），另一种形式是寡头政体（Oligarchy），即国家由最富有的最强有力的少数人来统治，从而有执政官法（Praetorian），也被称为阁下的法令（Honorary）。还有就是由人民来统治的民主政体（democracy），从而有平民大会的法令。还有就是僭主的专制统治（tyrannical govern），这是完全腐化的形式，没有对应的法律。还有一种统治的形式是由以上共同构成的，也是最好的政体，从而我们有贵族和平民共同设立的法。

第四，人法的概念中还包含对人类行为的指导。因法律指导的对象的不同，有不同的法律。有时按照立法者的名字命名，如关于通奸的尤利乌斯法（Lex Julia），关于刺杀的科尔内利乌斯法（Lex Cornelia）等。以这种方式进行的划分，并非以立法者为依据，而是以它所涉及的对象为依据。[245]

对疑难一的解答：对人来说万民法在某种意义上是自然的，既然人是理性的存在，而万民法是以自然法为前提得出的并不遥远的结论，那么对人来说是易于接受的。但是它与自然法不同，尤其因为自然法是对所有动物都相同的。

之前所述对于其它疑难的解答已经足够。[246]

在这一条中阿奎那讨论了圣伊西多尔对法律的划分是否合理的问题，其中值得一提的是万民法与自然法的关系问题，在阿奎那的解答中我们可以看出，他认为万民法是出于自然法的，在某种意义上可以说是自然的，因为它的内容是以自然法为前提推论出来的。但是万民法依旧属于人法，而非自然法，它与市民法的区别在于源于自然法的方式不同，一个是前提-结论式的，一个是具体应用式的，从前提到结论是必然的，故而万民法对所有民族都是一样的，而具体应用则视乎各民族的具体情况而定。可以说，这一段中，阿奎那对自然法、人法、万民法和市民法的关系进行了独到的阐释。

关于各种政体及其对应法律的划分，是阿奎那对亚里士多德的引用，这不是阿奎那的思想，而是亚里士多德的思想，阿奎那只是结合古罗马的法律实践对其进行了类比。阿奎那的时代已经没有执政官和平民大会决议了。有学者在介绍阿奎那关于人法的思想时，说"人法的立法者由于制度的差异而不同。在君主制下，君主为合法的立法者；民主制下，立法机构为立法者。"[247]这种将君主制与民主制的对立不知出自何处，民主制下的"立法机构"究竟为何物？

---

245 Ibid.
246 Ibid.
247 刘素民.托马斯·阿奎那自然法思想研究[M].北京：人民出版社，2007：103.

有学者总结说，阿奎那说，合法的人法需具备以下条件：第一，为了公共利益（目的因）；第二，有合法的立法者所立（动力因）；第三，命令的内容合情合理（质料因）；第四，该法能否合理地被遵守要根据受罚者的能力诸条件而定（形式因）。[248]这种根据亚里士多德四因说对阿奎那的人法定义进行阐释的见解非常精辟，可惜未标明出处。

傅乐安先生认为，按照托马斯·阿奎那的定义，人法是为了公共利益由具体负责者颁布的理智命令。托马斯断言人法是一种理智命令，强调人法的理智特性，企图说明人法不是任意的或意志的，人法的产生可以在人的理智本性中找到其根源。[249]如前所述，这里所谓的人法的定义其实是关于法律的一般定义，而不是关于人法的定义。

接下来，傅先生引用托马斯的原话，"人从自己的本性说明，人是一种社会性和政治性的动物，需要过集体生活"，"可是，使许多人一起过社会生活，这是件不可能的事，除非有人负责管理，谋求公共的利益"，"所以，为了人间的和安与行善，制订法律是必要的"。[250]傅先生引用的第一句话出自《论君主政体》第 1 卷第 1 章，它的另一个较为确切的中译是"人天然是个社会的和政治的动物，注定比其他一切动物要过更多的合群生活"[251]，根据上下文，这段话论证的是君主制的必要性。而"使许多人一起过社会生活，这是件不可能的事，除非有人负责管理，谋求公共利益"这句话引自《神学大全》第 1 集第 96 题第 4 节，题目是人在无辜状态下是否应当有一个主人（Whether in the state of innocence man would have been master over man）讨论的也是人为了过社会生活应当有一个管理者。值得指出的是，这两段话的出处都未曾提及人法的必要性，作为结论的"所以，为了人间的和安与行善，制订法律是必要的"傅先生注释中标记为出自《神学大全》第 2 集上册第 94 题第 1 条，实际上第 94 题第 1 条讨论的是自然法是否是一种习性（Whether the natural law is a habit），这段话实际上出自第 95 题第 1 条，题目是人法是否有用（Whether it was useful for laws to be framed by men），的确是讨论人法的必要性问题，不过是从人的自然禀赋不同来论证人法的必要性的，有的人秉性良好，劝告即

---

248 同上.

249 傅乐安.托马斯·阿奎那基督教哲学[M]上海：上海人民出版社，1990： 196.

250 同上.

251 [意大利]托马斯·阿奎那（马清槐译）.阿奎那政治著作选[M]北京：商务印书馆 2009：44.

可使人为善，有的则需要外在的强制，否则会妨碍到他人的平安，该句我译为"为了人的安宁和德性，有必要制定法律"[252]（Therefore in order that man might have peace and virtue, it was necessary for laws to be framed）。综上所述，可以看出，傅先生在该段文字中所阐述的人法的必要性的论证，并非阿奎那本人的论证，而是傅先生摘录阿奎那的只言片语重新组织成的自己的论证。这段话所引的三段话之间看起来是有逻辑联系的，但是它并非阿奎那的本意。

　　傅乐安先生接着说，托马斯论述人法的归属问题，提出人法"派生于自然法"，他归纳的理由是，"第一，人类社会不单纯是一种人为的组织，而是基于人的本性的一种自然的组织，所以人类社会符合自然规律，本质上是由自然法所规定的。第二，在人类社会中，'凡是称之为公正的事，无非是它遵循了理智的准则而被认为是正直的。而理智的第一准则就是自然法，所以一切人间法律之为法，就是因为派生于自然法。'托马斯甚至还强调指出，任何人法原则上不应该触犯自然法，'如果有某一点违背自然法，它不再是法律，而是法律的破坏。"[253]第二点理由是可以在阿奎那原文中找到的，第一点关于人类社会是由自然法规定的基于人的本性的自然的组织的说法则不见于第 95 题任何一条，或许可以说，关于人法派生于自然法，阿奎那没有从这个角度进行过论证，但是傅先生代圣人立言了。

252 Summa Theologica, I-II,q95,1.

253 傅乐安.托马斯·阿奎那基督教哲学[M]上海：上海人民出版社，1990：196-197。

第三章　阿奎那的灵魂观

第一节　古希腊的灵魂观

一、概述

　　"古希腊的自然科学是建立在自然界渗透或充满着心灵（mind）这个原理之上的。哲人们把自然中心灵的存在当作自然界规则或秩序的源泉，对于他们来说，自然是一个运动体的世界。按照希腊人的观念，运动体自身的运动是出于活力或灵魂（soul）。"[254]灵魂（soul）一词的含义非常丰富，并且它的含义在衍变中造成很多细微的差异。它对应的希腊文是 psyche，它最主要和最初的意义是指"气息"（soffio）或"生命力"（forza vitale），由动词 psycho 即"呼吸"（respirare）而来，故而它可以理解为使肉体获得生命的元素，进而成为生命（vita）的同义词。[255]吴寿彭先生曾指出"古希腊灵魂这词兼涵生命之义，故常两义联说，或两义混说。"[256]汪子嵩先生也说，灵魂是原始神话中的概念，有其迷信的意义，但是也有另一方面的意义，即生命。Psyche 是和呼吸、血液联系在一起的，希腊人认为它是生命的源泉。人只要还在呼吸，血液流动，就还活着，能够从事各种生命活动，"在这种意义上的灵魂，不过是一种生命的能力。"[257] 在拉丁文中，灵魂（soul）对应的词是 anima，具灵

---

254 [英]柯林伍德（吴国盛等译）.自然的观念[M].北京：华夏出版社，1999：4.

255 SilvioRaffo.Platone L'anima[M]Milano：Arnoldo Mondadori Editore,2006：5.

256 [古希腊]亚里士多德（吴寿彭译）.灵魂论及其他[M].北京：商务印书馆，1999：58.

257 汪子嵩等.希腊哲学史（第一卷）[M].北京：人民出版社，1997：172.

魂的（ensouled）或拥有灵魂的（having soul）为 animatus，但是 animatus 也有"有生命"（having life）的意思，所以拉丁读者很自然地会将 anima 当作一切有生命之物（res animatae）的特质，即将 animatus 理解为活的（being alive），而忘了它源自 anima（灵魂）。[258]

对古希腊的思想家来说，灵魂是一个非常重要的主题。在柏拉图之前，有形形色色的灵魂观，如泰勒斯认为灵魂是一种引起运动的能力，磁石有灵魂，因为它推动铁运动。[259] 赫拉克利特认为灵魂是火，因为火是无形体的，"闪闪发光的是干燥的灵魂，它是最智慧、最优秀的。"[260] 德谟克利特认为灵魂是心识，阿那克萨戈拉认为灵魂与心识不同，两者的本性相同，但作为生命原理而言，心识高于灵魂。[261] 阿那克西美尼认为气是呼吸、生命、灵魂甚至就是神。[262] 第奥根尼等人认为灵魂是气，因为气在元素之中最轻。也有人如希朴认为灵魂是水，他的想法源于万物的种籽都是湿的这一事实，他以为生物的种籽就是灵魂的原质，而种籽是液体，即雄性的精液，所以他反对灵魂是血的看法。四元素之中，唯有土无人主张，有些人曾主张灵魂是四元素混合而成。[263] 毕达哥拉斯学派的灵魂观较为系统，主要包括灵魂不朽、灵魂转世及灵魂净化等。灵魂是不朽的，身体是灵魂的坟墓或囚笼。人活着时，灵魂束缚于身体，人死后，灵魂转为人或别的生物。灵魂包括不同的部分，其中理性的部分是不朽的，其余部分则是有朽的。为了脱离轮回之苦，人应当净化灵魂以求超升，为此需遵守众多戒律。体育和音乐是净化灵魂的方法，哲学也是净化灵魂的活动。[264] 柏拉图的灵魂观散见于他的各篇对话之中。亚里士多德对灵魂问题不仅有专章进行讨论——《论灵魂》——还保留了大量前人关于灵魂的观点，因为他是在批判前人的基础上提出自己的学说的。托马斯·阿奎那为该书作了注释。

---

258 Thomas Aquinas.A Commentary on Aristotle's De anima[M]translated by Robert Pasnau,New Haven：Yale University Press,1999：5.

259 [古希腊]亚里士多德（吴寿彭译）.灵魂论及其他[M].北京：商务印书馆，1999：56-57.

260 G.S.基尔克. 赫拉克利特宇宙论残篇[M].剑桥：剑桥大学出版社，1979：340-341. 转引自汪子嵩等.希腊哲学史（第一卷）[M].北京：人民出版社，1997：172.

261 [古希腊]亚里士多德（吴寿彭译）.灵魂论及其他[M].北京：商务印书馆，1999：56.

262 汪子嵩等.希腊哲学史（第一卷）[M].北京：人民出版社，1997：228.

263 [古希腊]亚里士多德（吴寿彭译）.灵魂论及其他[M].北京：商务印书馆，1999：57.

264 黄颂杰 章雪富.古希腊哲学[M].北京：人民出版社，2009：28-29.

二、柏拉图的灵魂观

柏拉图的灵魂观深受毕达哥拉斯学派影响，他的观点在对话中一再出现，依照主题归纳如下：

死亡和灵魂的解脱（《斐多篇》）

"死亡只不过是灵魂从身体中解脱出来"，"死亡无非就是肉体本身与灵魂脱离之后所处的分离状态和灵魂从身体解脱出来以后所处的分离状态"，而哲学家不应关心饮食的快乐、性事的快乐和身体其他方面的需要，哲学家会"尽可能使他的灵魂摆脱与身体的联系"，[265]因为身体总是妨碍灵魂获得真理，"当灵魂能够摆脱一切烦扰，比如听觉、视觉、痛苦、各种快乐，亦即漠视身体，尽可能独立，在探讨实在的时候，避免一切与身体的接触和联系，这种时候灵魂肯定能最好地进行思考"[266]，因为理智无需其他感官的帮助，"他的思考无需任何视觉，也不需要把其他任何感官拉扯进来"，因为"这些身体器官的在场会阻碍灵魂获得真理和清理思想"。[267]"如果要想获得关于某事物的纯粹的知识，我们就必须摆脱肉体，由灵魂本身来对事物本身进行沉思"。因此只有在死后，"当灵魂与身体分离，独立于身体，获得知识才是可能的。"[268]所以，"哲学家的事业完全就在于使灵魂从身体中解脱和分离出来。"[269]灵魂离开以后存在于另一个世界，还会返回这个世界，在这个世界复活。[270]"我们的灵魂在获得人形之前就有一个在先的存在"，"它们独立于我们的身体，也拥有理智"。[271]

灵魂与神圣之物相似

我们都是由灵魂和身体构成的，灵魂与身体相比，"灵魂更像是不可见的事物，而身体更像是可见的事物"[272]，灵魂把身体当作工具，无论是通过视

---

265 [古希腊]柏拉图（王晓朝译）.柏拉图全集（第一卷）[M].北京：人民出版社，2002：61.
266 同上，62.
267 同上，63.
268 同上，64.
269 同上，65.
270 同上，68.
271 同上，78.
272 同上，79.

觉、听觉或其他感官，结果是灵魂"被身体拉入多样性而迷了路"[273]，但是当它自我反省时，就超越多样性进入"纯粹、永久、不朽、不变的领域"[274]，这些事物与灵魂的本性相近，灵魂一旦获得了独立，就停留在这样的王国里。柏拉图进一步指出，当灵魂与身体共处一地时，因其本性的差异，神圣事物的天性应当统治和指挥，而可朽事物的天性是服从，所以灵魂应当统治身体。[275]柏拉图这里所说的灵魂，是指区别于感官的理智。"灵魂与神圣的、不朽的、理智的、统一的、不可分解的、永远保持自身一致的、单一的事物最相似，而身体与凡人的、可朽的、不统一的、无理智的、可分解的、从来都不可能保持自身一致的事物最相似。"[276]

灵魂的转生

当一个人死的时候，他的可见的部分即肉体的部分渐渐地腐烂和消失，其中有些部分如骨头等实际上可以永久保留下来，而"不可见的灵魂去了另一个地方，那个地方像灵魂自身一样辉煌、纯粹、不可见，那才是真正的哈得斯或不可见的世界"[277]，灵魂从肉体中解脱后是纯洁的，因为灵魂从未自愿与肉体结合，它只是在肉体中封闭自己，保持与肉体的分离。但是如果灵魂与肉体联系得太紧密了，那么它在得到解脱时就已经被玷污了，导致不得不重新回到可见的世界并禁闭于肉身之中。而且它们投靠的肉身与其前世具有相似的习性，那些今世堕落的人会转世为驴子、狼、鹰等动物。[278]而受纪律约束的动物如蜜蜂、蚂蚁则转世为人，成为体面的公民。柏拉图特别强调，"没有实践哲学的灵魂在离开肉体时不是绝对纯洁的，所以不能获得神圣的性质，只有智慧的爱好者才行"，[279]所以哲学家要抵抗欲望，避免让灵魂屈从于肉体，因为只有哲学才能让灵魂获得解放和洁净。

天鹅之歌　对不可见世界的向往

鸟儿是有预见性的，当它们感到自己快死时，就会大声、甜蜜地歌唱，

---

273 同上，83.

274 同上.

275 同上.

276 同上，84.

277 同上.

278 同上86.

279 同上87.

这并非如人们所认为的那样是表达悲哀，相反是出于对不可见世界的向往。天鹅属于阿波罗神，知道在不可见的世界有好东西等着它们，它们会比以前更加快乐。[280]

灵魂不朽的证明

使身体活着的就是灵魂，无论何时灵魂占据了身体，就给肉体带来生命。生命的对立面是死亡，灵魂不会接纳与生命对立的事物，所以灵魂是不朽的。不朽的事物都是不可灭的，所以灵魂也是不可灭的。当死亡降临一个人的时候，死去的是他的可朽部分，而他的不朽部分则不受伤害地逃避了。灵魂是不朽的，它会存在于另一个世界。[281]

死后灵魂的去向

死亡是一种解脱，灵魂在去另一个世界时，除了它所受的教育和训练外，什么也带不走。每个人都有一个守护神，在人死后会把他的灵魂带到一个地方接受审判，然后被送往另一个世界，每个灵魂依据它生前的行为而被引导至与之相应的居所。[282]

灵魂的本质（《斐德罗篇》）

柏拉图提出灵魂包括神的灵魂和人的灵魂，[283]灵魂的本质是自动，这是因为一切灵魂都是不朽的，而只有永远处于运动之中的事物才是不朽的，那些要依靠他物推动的事物会停止运动，也会停止生命，只有自身运动的事物才是不朽的，他提出自动者是其它被推动事物的第一原则，这个第一原则是不可能源于其他任何事物的，因为如果它也是产生出来的，那它就是被他物推动的，那么它就不成其为第一原则。一切生成的事物都将崩溃，从而不是不朽的，只有由自身推动的东西是不朽的，这就是灵魂的本质和定义。生命和有灵魂是等同的，灵魂就是"推动自己运动的东西"。[284]

280　同上 90.

281　SilvioRaffo.Platone　L'anima[M]Milano ： Arnoldo　Mondadori　Editore,2006 ： 46-49,118-120.

282　[古希腊]柏拉图（王晓朝译）.柏拉图全集（第一卷）[M].北京：人民出版社，2002：121-122.

283　[古希腊]柏拉图（王晓朝译）.柏拉图全集（第二卷）[M].北京：人民出版社，2003：159.

284　同上.

柏拉图将灵魂比作驾驭两匹飞马的驭手，诸神的飞马和驭手都是好的，凡人的则一匹是良马一匹是劣马。如果灵魂是完善的，羽翼丰满，就在高天飞行，如果失去了羽翼，就向下落，附着于肉体。由于灵魂具有动力，这个被灵魂附着的肉体看上去就像能自动似的，这种灵魂和肉体的组合结构就叫"生灵"，它是可朽的。众神可以被设想为不朽的生灵，永远兼具灵魂和肉体，永远在天上飞翔。[285] 而那些以对真理的沉思为营养的灵魂，因为理智这个驭手的无能，在追逐诸神的过程中，灵魂受伤，羽翼受损，看不到真理的草原，只剩下貌似真理的意见，于是堕落地面进入婴儿体内投生为人。因为看到真理的程度不同，他们分别转生成九类人，最高级的成为智慧或美的追求者，最低级的是成为僭主。[286]

每个灵魂都需要一万年才能回到原点，除非连续三个千年选择哲学的生活，真诚地追求智慧，这样在三千年结束后可以恢复羽翼，高飞而去。而其他灵魂在过完它们的第一次生活后都要接受审判，有些要下地狱接受惩罚，另一些则被公义之神带上天界。[287] 一千年之后，这两批灵魂都要自愿地重新选择下一辈子的生活，有的由人转为兽，有的则由人转为兽，又由兽转为人。"理智就是我们对自己的灵魂在前世与它们的神一道巡游时看到的那些东西的回忆……因此，只有哲学家的灵魂可以恢复羽翼。"[288]

身体的生育与灵魂的生育（《会饮篇》）

那些身体方面有生育能力的人追求女人，以生育子女的方式追求永生，他们相信这样可以在未来的岁月中留下记录并获得上天的祝福。那些在精神方面具生育能力的人更倾向于精神受孕的方式，他们所播下是思想（pensiero）和其它天赋，这些人包括所有的前辈诗人和一些通晓如何在城邦和私人事务中构建和谐的创造性的技艺家（artista）。这些天赋的名字就叫作衡平的正直（equilibrata rettitudine）。如果一个人从小在心灵中孕育这些事物，成年以后，就会感到创造和给予生命的渴望（fuoco di creare e di dare la vita），他必然要找一个美的对象来创造生命，他不会被丑陋的身体所吸引，如果他遇到一个心灵美好、优秀、高尚的人，就会与之谈论德性及应该如何生活，即开始对之

---

285 同上，160-161.

286 同上，162-163.

287 同上.

288 同上，163.

进行教育。通过这种方式所孕育的精神的子女要比肉体的子女更加美好和不
朽。[289]

死后的奖励　厄尔的神话（《国家篇》）

厄尔死后第十二天复活，讲述了自己在另一个世界的见闻。他的灵魂在
死后离开身体，来到一个地方接受审判，有的上天，有的入地，生前做过的
错事，死后要受十倍的报应。在转生的时候，每个灵魂可以选择自己来生的
生活方式，但是美德则取决于他对美德重视的程度。苏格拉底的结论是，我们
要相信灵魂是不朽的，不让这个世界玷污我们的灵魂，才能在生前和死后领取
奖励，让我们坚持上升之路，追求正义和智慧，才能得到神和自己的珍爱。[290]

三、亚里士多德的灵魂观

亚里士多德的灵魂观见于他的《论灵魂》，阿奎那为该书作了注释。阿奎
那的神哲学观点深受亚里士多德的灵魂观影响。

亚里士多德首先提出灵魂研究的重要性。理解（comprehension 阿奎那注
释认为即是指知识 konwledge）[291] 是众多美好及尊贵事物之一，那些因其具
有更多确定性或与更好[292] 更奇妙[293] 的事物相关联的知识更值得关注，从这
两个角度出发，我们都可以合理地将对灵魂的研究置于优先位置。

阿奎那注释说，所谓善（good）即一物赖以获得自身最完善之存在者，
这是所有物都欲求的。因为人之为人的完善即在于知识，故而知识即是人之
善。众善之中，有些是值得赞美的，有些则值得特别的尊荣，前者导向某些
目的，如我们因为马跑得快而赞为良驹，后者则以其自身之故，因我们将特
别的尊荣赋予目的。有些知识是实践的，有些是理论的，它们的区别在于实
践的知识是为了技艺的缘故，而理论则是为了自身。所以理论的知识既是善
的又值得特别的尊荣，而实践的知识只是值得赞美。所有的理论知识都既是
善的又值得特别的尊荣，但不同的理论知识所具有的善与所值得的特别尊荣
亦有差等。因所有的知识都因其与行动的关联而受称赞，而行动之受称赞则

289 SilvioRaffo.Platone L'anima[M]Milano：Arnoldo Mondadori Editore,2006：68-69.
290 Ibid,69-79.
291 Thomas Aquinas.A Commentary on Aristotle's De anima[M]translated by Robert Pasnau,New Haven：Yale University Press,1999：7.
292 即因本性（by nature）而好。Ibid.
293 即其原因/肇因尚未可知。Ibid.

基于两者，它的对象（object 目标）和它的质量（quality 素质）或种类。正如建造一座房要优于做一张床，因建造的对象要优于床，在同一事物中，其自身质量/素质赋予了一定的地位。结构的类型优越到什么程度，结构自身就优越到什么程度。如果我们从知识所涉之对象（或关联之行动）方面来考虑，显然涉及更好和更多尊荣之物的知识更高贵，另一方面，从其质量或种类角度而言，更确定的知识更高贵。然而情况并非如此简单，在涉及不同种类的知识时，会遇到不同的情形。有些知识更加确定但涉及的是较少值得尊荣之物，有些涉及更美好更值得特别尊荣之物的知识却较少确定。即便如此，那些涉及更美好更值得特别尊荣之物的知识仍然更加优越。因为亚里士多德曾在《动物之构造》（De animalbus）中声称，我们宁可对更值得特别尊荣的最高贵之物所知不多，也强过对不够崇高之物拥有确定的认识。前者的崇高地位因其自身和本质而来，后者则因其类型和质量/素质而获得相应地位。而关于灵魂的知识则两者兼具：首先，它是确定的，任何人都可以在自身中经历到它，也即是说，他有一个灵魂，此灵魂赋予他生命。其次，这知识关乎更崇高之物。因为在较低等的动物中，灵魂具有较崇高的地位。[294]

完善关于灵魂的认知，对于所有的真理，尤其是对自然的研究，贡献巨大。因为灵魂就像是所有动物的原理。[295] 首先要研究灵魂的内在属性（nature）及其本质，其次研究它的偶性特质。有些是灵魂所独有的（阿奎那注释指理解和思考[296]），其它则是动物因具灵魂共有的（指感觉与幻想）[297]。

研究灵魂应当用何种方法，即使明确了方法，从何着手也是困难重重。首先必须要弄清楚的是灵魂属于哪一种类，它究竟为何？它是独立的个体，本质、质量、数量或其它范畴？它究竟是潜在还是实现（隐德来希）？它是否可分？所有灵魂是否都属于同一类，如果不同类，是科属不同还是品种之别？目前，关于灵魂的讨论都局限于人类，关于动物是否可能有统一的灵魂定义？或是马、狗、人及神的灵魂定义各不相同？关于动物的普遍定义，要么不存在，要么是第二位/从属的（secondary）。[298]

294　Ibid,5-7.

295　阿奎那注解，此处 like 不是为了表明相似，而是提出论断。Ibid,8.

296　"understanding and theorizing" Ibid,7.

297　"sense and phantasia" Ibid.

298　参见[古希腊]亚里士多德（吴寿彭译）.灵魂论及其他[M].北京：商务印书馆，1999：46-47.

阿奎那注释说，在古代哲学家中，关于灵魂有两种不同的观点，柏拉图主义者相信普遍者（形式和理念）是独立自存的，它们是具体之物认识和存在的原因，因而认为有一个普遍的、就其自身而言是可分离的（separated per se）灵魂，作为个别灵魂的原因与理念，众多个别灵魂中的一切都源自于它。与之相反，自然哲学家则认为个别/特殊是唯一的自然本质/实体，在自然界中不存在普遍者。因此，亚里士多德指出我们不得不面临一个问题，究竟是如柏拉图主义者那样去寻求一个普遍的灵魂，还是按照自然哲学家的路数去为每一特别事物的灵魂分别作出说明，比如说，一匹马的灵魂、一个人的灵魂以及一个神的灵魂（亚里士多德说"神"的灵魂因为这些哲学家相信天体（星星）是神，进而认为它们都有灵魂）。亚里士多德觉得我们应该两者兼顾，既要对灵魂有一个普遍的定义，也要为每一种类各作说明。当亚里士多德说"关于动物的普遍定义，要么不存在，要么是第二位的"时，要知道我们只能在两种意义上谈论"普遍的动物"（动物一般）：或者是作为普遍的（多中之一 one in many or of many），或者作为动物。如果是当作普遍的，要么是在自然中，要么是在理智（intellect）中。柏拉图认为普遍的动物，就其在自然界中而言，是一物且先于特殊者而存在。如他所说，他提出可分离的普遍和理念。然而亚里士多德认为普遍的动物并非自然中的物；并且如果它是一物，他只能说它是"第二位"的。但是如果我们不从普遍物的角度来理解动物的本性/本质这一概念，而是从潜在先于实现的角度而言，那么动物的本质是一物并且是先在（prior）的。[299]

如果没有很多种灵魂，而是灵魂有很多部分[300]，应从何部分开始？先研究整体还是部分？先研究部分本身还是它们的功能？如先研究理智认识还是研究理智认识的能力，是先研究感觉还是感觉能力。假定我们先研究能力，某些人又需进一步考虑是否应先研究功能之客体，如对可感物的研究应先于感觉，可思之物应先于理智认识能力。[301]

不过，不仅对于某物"是什么"的知识有利于我们了解它的非本质属性（accidents）的原因，这些非本质属性从属于其本质（substance）（正如在数

---

299 Thomas Aquinas.A Commentary on Aristotle's De anima[M].translated by Robert Pasnau,New Haven：Yale University Press,1999：10.

300 亚里士多德认为只有一个灵魂，灵魂中的不同部分各有其功用，如理智、感觉和营养。而柏拉图主义者认为有多个灵魂。Ibid.

301 参见[古希腊]亚里士多德（吴寿彭译）.灵魂论及其他[M].北京：商务印书馆,1999：47.

学中，知道直、曲和线和平面是什么有助于了解三角形的内角和等于多少个直角），反过来说，对于非本质属性的了解也大大有益于增加我们对"是什么"的认识。当我们能够通过幻想说出关于某物的一切或大部分非本质属性时，我们也将明了本质。由于所有论证的起点（principium）都是某物是什么。因此所有那些不能让我们因之对某物的非本质属性有所了解，或甚至只是轻松地幻想出一些非本质属性的定义，显然都只是戏论，毫无意义。[302]

阿奎那以为此处亚里士多德提出给灵魂下定义时遇到的困难，因在定义中不仅要揭示本质原理，还要解释非本质属性。如果我们对本质原理作了很好的界定并为人所知，那么非本质属性就不必要了。但是由于本质原理并未被我们所发现，我们必须使用非本质的易于分辨的特性来给出本质特性，这才是困难所在。[303]

阿奎那注解[304]：如亚里士多德在《动物之构造》（De animalbus）及《形而上学》中表明的，研究事物须先研究其共同性质，然后分别其各自特质，这样做的理由在于可以避免重复。所有具灵魂之物别为一类，依照前述程序当先研究其共同性质，而具灵魂之物之共同性质即为灵魂。欲知关于具灵魂之物的知识，当先知关于灵魂的知识，亚里士多德依此顺序，先论灵魂，次及具灵魂之物的个别特质，故而《论灵魂》为之后生物学诸书之基础。[305]

关于灵魂的知识之用处在于，如果我们了解了关于灵魂的知识，将大大有益于增进其它方面的哲学知识，如就第一哲学而言，我们只有通过理智（intellect）的力量先有所获，才能得到对于最崇高的神圣的原因有所认识；就道德哲学而言，只有我们了知灵魂的力量，才能完全获得关于道德的知识。职是之故，在《尼各马可伦理学》（I.1103a3-4）中，亚里士多德将每一种德性皆归诸灵魂的不同力量；若就自然哲学而言，大部分的自然物都拥有灵魂，而灵魂乃是具灵魂之物"一切运动的起源（发起者）与原理（起点）"。[306]

尽管亚里士多德认为关于灵魂的知识是有益的，但要了解它究竟什么却

---

302 同上.

303 Thomas Aquinas.A Commentary on Aristotle's De anima[M]translated by Robert Pasnau,New Haven：Yale University Press,1999：11.

304 阿奎那对《论灵魂》卷一的注释借鉴了四世纪注释家 Themistius 的想法和措辞。Ibid,7.

305 Ibid,5.

306 Ibid,8.

并不那么容易。这困难在处理每一事物时都会产生，关于其它事物，要了解它是什么和它的本质都是一个普遍的难题。首先，我们不知道如何获得一个定义；因为有的定义是通过逻辑论证（demostration），有的是区分法（division），还有的是用综合法（composition）。亚里士多德打算用的是综合法。其次是在定义中我们将说些什么。由于定义是要表明一物的本质（essence），而只有当我们知道一物的原理（起点）才可能获知它的本质。但是不同之物有不同的原理（起点），所以要想知道这些事物的原理（起点）从何处开始也非易事。[307]

亚里士多德指出存在一个关于灵魂状态和活动的难题，即状态是只属于灵魂与身体无关[308]还是离不开灵魂-身体这一复合体。亚里士多德指出解决这一问题的困难和必要。首先，困难在于，乍看上去似乎所有的状态离开身体都不可能，如愤怒、感觉。若有专属灵魂者，唯一的可能就是理智的运作。然而如果我们恰当地考察，却并非如此。理智认识要么是幻想，阿奎那指出这是斯多葛主义者的观点[309]，要么离开幻想无从产生。因为有些古代的自然哲学家认为理智与感觉无异；斯多葛主义者进而认为理智只是幻想。既然幻想需要一个身体，所以他们说拥有理智认识并非专属于灵魂而是为灵魂和身体所共有。即便承认理智不同于幻想，离开幻想理智仍无可能。只要幻想需要一个身体来完成，由此得出的结论依然是理智认识的拥有并非专属于灵魂。所以，离开身体而拥有理智认识是不可能的。

阿奎那注释，即使亚里士多德在第三卷将此问题解释清楚，此处仍有必要指出，拥有理智认识在某种意义上是专属灵魂的，在另一意义上它属于灵魂-身体复合体。值得指出的是，灵魂的某一种状态或需要身体作为工具和对象。在这个意义上"看"需要一个形体（body）作为对象，因为颜色（视力的对象）是一个形体（body），同时也需要形体作为工具，因为视力即使源于灵魂，也只有通过视觉器官才可能（即通过作为工具的瞳孔）。在这个意义上视力不仅属于灵魂而且还属于器官。还有另一种作用，只需要身体作为对象而无需作为工具。如理智认识并不需要通过一个肉体的器官而只需要一个有形的对象。亚里士多德在第三卷曾指出，幻想之于理智正如颜色之于视力。

---

307 为免混淆，参看下文将 principium 译为"起点"而非"原理"。

308 阿奎那认为，这是柏拉图的观点。Ibid,14.

309 将理智等同于幻想听起来有些奇怪，英译者指出，如果阿奎那不是过于追随亚里士多德的用词，他应当说，按照奥古斯丁《上帝之城》中提供的观点，斯多葛主义者将理智等同于感觉。Ibid.

颜色是视力的对象，所以幻想是理智的对象。因为幻想离不开身体，由此可以推论理智认识离开身体也无法产生，但只是在身体作为对象，而非作为工具的意义上。由之可以得到两个结论，首先理智认识是一种单属于灵魂的作用，但是需要身体作为它的对象。视觉和其它的活动和状态则不仅属于灵魂，而且还属于灵魂-身体复合体。第二个结论则是靠自身进行活动者也靠自身获得存在和实存，不能靠自身活动者则否。所以理智是一种独立存在的形式，而其它能力则是质料中的形式。[310]

接下来亚里士多德讨论这个问题的必要性，大多数人都希望知道灵魂是否可与身体分离而独存。如前所述，如果灵魂有任何专属自身的状态或活动，则它是可分的。但灵魂就像直的东西一样，尽管就直的某物之为直的而言，关于它的很多判断的真实性具有偶然性，比如它会在一点上遇到一个铜球，这只有在质料中才是真实的。因为直只有与质料结合才会碰到一个铜球。同样的情形也适用于灵魂，如果它没有专属自身的活动：尽管很多论断出于偶性是真实的，但这真实只有当其与质料结合方才可能。[311]

亚里士多德接着说，灵魂的所有状态看起来都跟身体有关，无论愤怒、柔和、恐惧、热情与自信，都离不开体质的参与。阿奎那指出，这是为了阐明他之前提出的观点，即有的灵魂状态属于灵魂-身体复合体，而非仅仅与灵魂有关。因为体质参与的一切活动就不仅与灵魂也与身体有关。但是一切活动都有体质的参与，故而灵魂的一切活动都离不开身体。他的论点有二：其一，有时并未受到激怒或惊吓，某一状态依然明显地发生。但是如果他的身体如果被怒火所激起，他就是被极其微弱的东西所激动，表现得如同一个愤怒的人一样。其次他指出，当并无危险逼近时，有些人依然进入这些牵涉到灵魂的状态，比如抑郁之人[312]，即使没有即将逼近的危险，依然经常进入恐惧状态，这是因为其体质失去平衡的缘故。由于体质参与这些状态，故而显

---

310 Ibid.

311 此处翻译与吴寿彭先生有较大差异，参见[古希腊]亚里士多德（吴寿彭译）.灵魂论及其他[M].北京：商务印书馆，1999：48。该书编后记中提及吴先生在整理本书手稿过程中溘然长逝，编者在三校后才发现吴先生在该书一稿中有诸多未及过录之处，可知对吴先生而言，本书的译稿仍为一未定本。参同书第478-479页。窃以为这个吴先生未及见的阿奎那评注译本较易理解。

312 此处阿奎那指体内黑色胆汁过多之人，故而后文指其为"体质不平衡"。Thomas Aquinas.A Commentary on Aristotle's De anima[M]translated by Robert Pasnau,New Haven：Yale University Press,1999：17.

然这些状态乃是作为质料中的规定性的那些本质（defining natures），即它们在质料中获得存在。因此这些状态的定义只能由与质料相关的方式来给出。比如，如果我们要定义愤怒，它应被称作身体（body）、或其某一部分或其某一机能（power）的运动（这是从主体或质料因的角度而言），受某物推动（从动力因的角度而言）和为了某物（从目的因的角度而言）。

基于以上原因，亚里士多德得出结论说，对所有或部分灵魂进行研究就是自然学家的任务，因为灵魂的定义是以自然学的方式给出的。

如前所示，灵魂的状态和活动表现为身体的状态和活动。但是无论什么状态，要给出定义，就必须给出这一状态的所属者。因为关于状态的定义不可能没有主体。既然这些状态不仅属于灵魂也属于身体，那么定义中就不能没有身体。但与身体及质料有关的一切都属于自然哲学的领域。任何人要研究状态必然也然研究状态的主体。所以毫无疑问研究灵魂是自然哲学家的任务：要么是所有的灵魂；要么是其中一类，也即结合于身体的那些灵魂。阿奎那注释说，亚里士多德这样表述的原因在于对理智是否与身体有关依然存有疑问。[313]

亚里士多德指出，关于灵魂状态的定义，有些人考虑的是质料和身体，另一些则只关心形式。他已指出后者是不充分的。对于这些定义的差异他进行了研究。有是定义完全与身体无关，比如说愤怒是对于报复的渴望。有时定义又涉及身体或质料，比如说愤怒是心脏周围血液的翻腾。前一定义是辩论家给出的，后者是自然哲学家给出的，与质料有关，从物理方面着眼。[314]自然哲学家给出了质料，辩论家找出了它的种类和规定性的本质。因为报复的渴望，正是愤怒的规定性的本质。很显然前一定义是不充分的。因为就见于特定质料的任何形式来说，如果它的定义中未涉及质料，都将是不充分的。而报复的渴望正是一种见于特定质料的形式，而定义中却未涉及质料，显然这一定义就是不充分的。所以有必要在定义中表明这一形式是见于某一质料之中。[315]

因此我们就有三种定义的方式。一是给出它的种类，而种类给出"规定性的本质"，从而是纯形式的。正如将房子定义为能够挡风雨、隔炎热的遮盖物。另一定义则给出质料，例如说房子乃是由石、砖、木构成的遮盖物。

313 Ibid.

314 [古希腊]亚里士多德（吴寿彭译）.灵魂论及其他[M].北京：商务印书馆，1999：49。

315 Thomas Aquinas.A Commentary on Aristotle's De anima[M]translated by Robert Pasnau,New Haven：Yale University Press,1999：18.

还有一种是两者兼顾，即在定义中既包括形式又包括质料——说房子是由这些材料所构成的挡风雨的遮盖物。[316]所以这第三种定义既给出了种类（形式），又给出了质料（木头砖石），以及目的（为了挡风雨等）。一个完整的定义应当包括这三者。只考虑形式的定义不是自然哲学的而是逻辑学的。另一方面，只关心质料而不及形式的是自然哲学的，因为自然哲学的唯一任务就是研究质料。第三种兼顾质料与形式的定义更贴近于自然哲学。三种定义中有两个是属于自然哲学的，只考虑质料的那个是不充分的，另一个兼顾质料与形式的是完整的。因为除了自然哲学家没有人研究不可分的质料的状态。[317]

但有些研究质料状态的人与自然哲学家的进路有异。亚里士多德总结出三种，虽然都是研究见于质料的状态，但出发点各异。[318]其一是工匠，他虽也研究质料中的形式，但他的出发点是提高他的技艺，而自然哲学家研究的出发点是增进对自然的认识。另一种人虽研究见于可感质料的事物却并不将可感的材料置于定义之中。这些事物包括圆和直，虽然它们在质料之中获得存在并就其存在而言可列为不可分之物，但数学家出于自己的研究目的，并不将其可感的质料纳入考虑范围。这是因为某些事物是通过数量而被感知的，但是数量先于质量而存在。所以数学家只需要研究纯粹与数量有关的东西，与质料有关的则无需考虑。第三种人是研究不于质料获其存在之物或可以离开质料而独存之物。这种人是形而上学家（第一哲学家）。[319]

值得注意的是关于哲学的划分完全是以定义和给出定义的方式为依据的。因为定义是论证的起点，而事物是以其本质特征定义的。不同的定义会导致不同的本质原则/原理，知识之间的差异正是由此而来。亚里士多德指出，灵魂状态如愤怒、恐惧之类是不可与动物的有形质料相分离的，它不像线和平面那样能以概念的方式与质料相分离而存在。[320]如果事实正如我们所说的

---

316 [古希腊]亚里士多德（吴寿彭译）.灵魂论及其他[M].北京：商务印书馆，1999：49-50.

317 Thomas Aquinas.A Commentary on Aristotle's De anima[M]translated by Robert Pasnau,New Haven：Yale University Press,1999：18-19.

318 参见[古希腊]亚里士多德（吴寿彭译）.灵魂论及其他[M].北京：商务印书馆，1999：50.

319 Thomas Aquinas.A Commentary on Aristotle's De anima[M]translated by Robert Pasnau,New Haven：Yale University Press,1999：19.

320 参见[古希腊]亚里士多德（吴寿彭译）.灵魂论及其他[M].北京：商务印书馆，1999：50.

那样，研究这些状态以及灵魂就是自然哲学家的本分。[321]

自然哲学家关于灵魂的研究，主要着眼于两点，一是运动，二是感觉。亚里士多德之前的哲学家曾经说到，灵魂最显著的特征，在于它能引发运动（活动），他们认为，能够使他物运动者，自身也在运动。这就是德谟克利特说灵魂是一种火或热的原因。因为他相信有无数各种形状的原子，那些圆形的原子就是他称为火和灵魂——就像当阳光照进窗户时可以看见的那些空气中的微粒。留基伯（Leucippus）也持类似的看法。他们之所以认为灵魂就是这些球形的原子，是因为这种形状的原子能够穿透一切事物并且在使自身运动时也使他物运动。因为他们相信是灵魂使动物运动。因此活着就是指在呼吸。正是原子的不停运动使得动物得以运动[322]。动物只要还能呼吸，就还活着。

毕达哥拉斯学派似乎也有类似的看法。他们中的有些人认为微粒是灵魂，另一些则认为使微粒运动的才是灵魂[323]。之所以都将灵魂与微粒联系起来是因为这些微粒即使在宁静的环境之中，看上去也一直在运动之中。

但是所有这些认为灵魂是使自身运动的人都共享同一信念。他们看上去都假定运动是灵魂的首要特征，其余万物的运动都因灵魂之故。灵魂使自身运动，因为不能使自身运动者定不能产生运动。

阿那克萨戈拉（Anaxagoras）也认为灵魂产生运动，但他的观点与德谟克利特并不完全一致。另有某人认为理智[324]（intellect）使万物运动。德谟克利特认为灵魂和理智是一回事，实际上，德谟克利特并不将理智看作与真理有关的能力，而是说灵魂和理智是一回事。阿那克萨戈拉则没这么肯定。他在很多地方说到理智是行为良好正直的原因，在别的地方又说这理智即灵魂。他认为这是一切动物皆有的，不论大小，高级或低等的。但是作为审慎的理

---

321 Thomas Aquinas.A Commentary on Aristotle's De anima[M]translated by Robert Pasnau,New Haven：Yale University Press,1999：19-20.

322 具体的描述参看[古希腊]亚里士多德（吴寿彭译）.灵魂论及其他[M].北京：商务印书馆，1999：52.

323 吴寿彭先生根据阿奎那注释说这是指苏格拉底的老师亚契劳（Archelaus），而阿奎那自称这一说法来自奥古斯丁的《上帝之城》（吴先生译为《神邦》），参见同上，注释2.然而根据英文维基百科的说法他还被认为是阿那克萨戈拉的学生。

324 吴寿彭先生译为"心识"，见[古希腊]亚里士多德（吴寿彭译）.灵魂论及其他[M].北京：商务印书馆，1999：53.

智，并非一切动物皆有的，即使人类，也非人人皆有[325]。那些注意到有灵魂之物皆能运动的人都分享同一观点，即灵魂是运动的产生者。

阿奎那指出，亚里士多德在此分析前人的观点是为了引出第二卷中的正确观点（亚氏自己的观点），亚里士多德将前人关于灵魂的观点总结为两派，一派是从运动的角度出发去探求灵魂的本质，另一派则是从感觉/认识的角度给灵魂下定义。首先总结并分析运动派的观点，运动派共享一个假设，即如果有灵魂的生物被推动，那么推动它的就是灵魂，因此灵魂推动自身。这个假设的根据是他们认为不动的东西是不能推动它物的。因此，如果是灵魂使一切有灵魂的生物产生运动，而自身不动的东西是不能推动它物的，那么很显然，灵魂是运动之物。基于这一理由，古代哲学家将灵魂置于运动诸物之一。[326]

但之后分歧就出现了，德谟克利特认为灵魂的本质就是运动，而看起来火的本质就是运动，所以他说灵魂是一种火或热。他断言自然界一切事物都是可感的和有形的（corporeal），所有事物的基本原理就是无限多的不可分的微粒，他称之为原子。[327]这些微粒的本质是相同的，区别只在于形状、位置和秩序——此处他只强调形状的差异，因为只有形状的差异是必要的。形状的差异在于有的是圆的，有的是方的，有的是金字塔形（锥形）的等等。他还断言这些微粒是可运动的且永不停息。世界是由这些原子的随机一致所构成的。为了展示这些不可分的物体（body）是可运动的他举了空气中的微尘的例子，当阳光穿过窗户时，可以看到空气中的微尘即使在没有外界干扰的情况下也是运动的。这些光线中的微尘是可分的，而原子是不可分的，因而要比微尘小得多，当然它们也是可运动的。而在不同形状的的原子中，圆形的是最适于运动的，因为它没有角，不会妨碍运动。由于他们相信灵魂是令动物运动的原因，所以灵魂的首要特征是运动的，所以他说，在这些无限多的物体中，灵魂是那些圆形的物体。留基伯也持同样的看法。[328]

---

325 此处吴寿彭先生译为"但以知觉取义的心识，在所有一切动物，显得不是全相似的，甚至于在所有一切众人而论，也不全一样。"与 Robert 的英译本对阿奎那注释的翻译似乎有微妙的差异。见[古希腊]亚里士多德（吴寿彭译）.灵魂论及其他[M].北京：商务印书馆，1999：53.

326 Thomas Aquinas.A Commentary on Aristotle's De anima[M]translated by Robert Pasnau,New Haven：Yale University Press,1999：22-23.

327 [古希腊]亚里士多德（吴寿彭译）.灵魂论及其他[M].北京：商务印书馆，1999：51.

328 Thomas Aquinas.A Commentary on Aristotle's De anima[M]translated by Robert Pasnau,New Haven：Yale University Press,1999：24.

在继续介绍了毕达哥拉斯学派与之类似的观点之后，亚里士多德总结出运动派的首要观点，即通过运动来定义灵魂。他们一致认为灵魂的首要特征是运动，而一切物的运动都是灵魂作用的结果，灵魂则是自身运动的原因。接下来亚里士多德指出阿那克萨戈拉等人在灵魂问题上与前述几家的异同之处，阿那克萨戈拉也认为灵魂是使它物运动的原因，但不同则在于他认为灵魂自身是不动的。阿那克萨戈拉不认为推动它物运动者自身也必然运动。更确切地说，他认为存在一个分离的纯粹的理智，能够使它物运动自身却不运动。灵魂的本质就在于斯。[329]

德谟克利特与阿那克萨戈拉的不同之处在于他认为灵魂与理智完全是一回事——在任何情况下都是同一的。德谟克利特这样说的理由在于他相信世界除了可感之物外并无其它，所以他说灵魂唯一的理解能力就是感觉。他的观点是，关于事物并无确定的真理，没有东西是确定无疑地被认识的。任何事物看上去的样子都是真实的，一个人对一物的认识并不比另一人对同一物的认识更真实，所以他断言同一时刻对同一物的相反的观点都是真的。[330]

他这样说的理由在于：首先德谟克利特并不将理智作为与真理有关的能力来使用，也就是说，理智（intellect）是灵魂可以理智地（intellectively）认识可思（intelliglibe 仅能用理智了解的）事物的理性能力（intellective power）。相反，他认为理智就是感觉的能力。其次，他认为自然界中除了可感觉的事物并无它物。既然可感觉的事物是不断运动和变化的，所以他认为世上并无确定的真理。因为他并不认为理智是可以认识真理的能力，即它的对象是因其自身为真的，故而理智高于灵魂的其它能力。相反，他认可的只有灵魂的感觉能力，故而他不加区别地将灵魂和理智概括为一回事。他说理智随着人的状态的变化而变化。故而他赞扬荷马的诗句，"赫克笃尔倒下了，想法也变了。"[331]这句话的意思是说，赫克笃尔因为自身的变

---

329 Ibid,26.

330 [古希腊]亚里士多德（吴寿彭译）.灵魂论及其他[M].北京：商务印书馆，1999：53.

331 此处吴寿彭先生译为"赫克笃尔在昏眩中，躺着作别异的思虑"，同上，注释2。而 Robert Pasnau 的阿奎那注释英译本则为"Hector lies fallen,thoughts altered"，见 Thomas Aquinas.A Commentary on Aristotle's De anima[M]translated by Robert Pasnau,New Haven：Yale University Press,1999：27.值得指出的是无论吴译本还是 Robert 的英译本都在注释中说该句见于伊利亚特第 23 卷 698 行，吴译本还在注释中特别指出此处并非指赫克笃尔，然而笔者查对伊利亚特的中英译本，都不见该句。

化，他的理智（认知）也随之改变，让他以为己方已经胜利，对方已经战败了。[332]

接下来，亚里士多德介绍了阿那克萨戈拉与德谟克利特不同之处，并指出他的错误。首先，阿那克萨戈拉对灵魂的看法并不确定，很多时候他说理智是行为良好的原因，但其它地方他说这理智和灵魂是同一的。后一论断是很明显的，因为所有的动物，无论高等的还是低等的，大的还是小的，都有灵魂。而既然他说所有的动物都有理智，显然他是在说理智和灵魂是一回事。[333]阿奎那评注说，亚里士多德在此指出阿那克萨戈拉关于理智的观点是自相矛盾的。有时他说理智不同于灵魂，有时他又说理智和灵魂是同一的。这是矛盾的，不能同时为真。亚里士多德这样证明它的错误：显然行为良好是一个完善的理智（审慎）的特征，因为行为良好是与审慎相称的。如果这使行为良好的理智和灵魂是同一的，那么审慎的理智就和灵魂是同一的。但这是不成立的，因为所有的动物都有灵魂，而作为审慎的理智并不是所有动物都具有的，甚至并非所有人类都具有的。因此它和灵魂不是同一的。[334]

那些将灵魂归诸于认知和感觉的古代哲学家，都以灵魂为基本原理，这是所有认知派灵魂论者的共同之处。[335]这些古代哲人共享的一种关于真理的看法，即认识源于存在于认知者中的与认知对象的相似之处（likeness），因为被认知之物必然以某种方式存在于认知者之中，因为古代哲人都相信同类才能相知（like must be cognized by like）。故而灵魂如果能认知万物，它必然因其本性就具有万物的相似之处。因为他们并不懂得区分事物自身的存在与在理智或视觉中的存在。对他们来说，一物之本质即其自身的基本原理，任何人认知了这些原理就认识了事物本身，故而他们断言，灵魂是通过万物的基本原理来认知万物的。这是他们的共识。[336]

---

332 Thomas Aquinas.A Commentary on Aristotle's De anima[M]translated by Robert Pasnau,New Haven：Yale University Press,1999：27.

333 参见[古希腊]亚里士多德（吴寿彭译）.灵魂论及其他[M].北京：商务印书馆，1999：53.

334 Thomas Aquinas.A Commentary on Aristotle's De anima[M]translated by Robert Pasnau,New Haven：Yale University Press,1999：27-28.

335 参见[古希腊]亚里士多德（吴寿彭译）.灵魂论及其他[M].北京：商务印书馆，1999：53-54.

336 Thomas Aquinas.A Commentary on Aristotle's De anima[M]translated by Robert Pasnau,New Haven：Yale University Press,1999：30.

　　但是他们对于基本原理的看法则千差万别，有的以为只有一个原理，有的则以为有多个原理。有人认为是这个原理，有人认为是那个原理，他们对构成灵魂的原理也有不同观点。那些认知派灵魂论者有的主张灵魂是由元素构成的，主张只有一个原理的认为灵魂只由一种元素构成，主张多个原理的认为灵魂由多种元素构成。遵循这种套路，恩培多克勒（吴寿彭先生译为恩贝杜克里）认为灵魂由所有元素而来，每一元素皆为灵魂，他说："很清楚，我们以土识土，以以太（ether）识以太，以水识水，以火识火，以爱知爱，以忿知恨。"[337]

　　柏拉图的观点在阿奎那看来可以分为三步：首先他也认为灵魂来自于众元素或众原理。在《蒂迈欧篇》中他说有两种原理或元素：同和异。总是保持同一状态的非物质的自然和不断生灭变化的物质的自然。灵魂即由这两者构成。这同样是出于"同类相知"的认识论原则，灵魂既具有同一的本性，又具有异的本性，当灵魂认识种和类时，运用的是同一的原理，而认识不同的偶性特质时，运用的是异的原理。[338]

　　其次柏拉图在《论哲（爱智）学篇》中也用类似的方式认为灵魂来自基本原理，生物的本性（普遍本体）是由"意式的太一"演化而成，本长（太二）、本阔（太三）、本深（太四）依次及于其它，都出于同样的演化。他说，心识是太一，知识为太二，意愿之数为太三，太四为感觉。太一、太二、太三、太四分别对应于点、线、面和立体。万物由诸元素组合而成，而数则因其为造型之所本而成为事物的第一原理。[339] 阿奎那注释说，在此需要了解的是，对柏拉图来说，可思之物是独立自存（separated and subsistent per se）的，是可感之物存在的原因，也是认知的根据。按照柏拉图的立场，独立自存的抽象之物有两种，从特殊中抽象出的普遍的和从可感之物中抽象出的数学的。所以柏拉图认为有三种存在之物：可感的，数学的和普遍

337　此处系笔者据英文本直译，与吴寿彭先生译法略有差异，吴译略去认知主语，且更多文学色彩，据英译本说，恩培多克勒是用韵文写出这些论断的。"唯土以识土，而气能明气之具有神性，唯水可知水，而火能感火其为灭尽；唯爱其认得仁爱，唯仇以衅对苦恨。"见[古希腊]亚里士多德（吴寿彭译）.灵魂论及其他[M].北京：商务印书馆，1999：54.

338　Thomas Aquinas.A Commentary on Aristotle's De anima[M]translated by Robert Pasnau,New Haven：Yale University Press,1999：31.

339　[古希腊]亚里士多德（吴寿彭译）.灵魂论及其他[M].北京：商务印书馆，1999：54.

的。普遍的是原因，通过它们的参与（participation），可感的与数学的物得以存在。[340]

柏拉图认为数是事物的原因，那么可分离的普遍（separated universal）就是事物的原因而数字就是事物的本质（substance），这种普遍来源于数，因为他说种和数是一切存在之物的基本原理。他认为数是由类（species）组成的。他将数归并为太一（the one）和两重性（Duality）。因为从"一"中无物可以生成，因此需要某种本质（nature）构成"一"的基础并使得"多"（many）成为可能，这被他称作两重性。

柏拉图区别这三种存在者是根据它们的质料性（materiality）。因为可感之物比数学的要更具质料性，普遍之物要比数学的更少质料性。因为在数学的物之中，事物在其所属的类别之中还有数字上的区别，而对普遍的物来说，柏拉图认为每一类物只有一个普遍的理念，所以这一类中的所有物对应于理念而言并不会有数量上的差别。他说理念来源于数，并且因为其自身所具有的数而构成可感物的规定性特征，也就是由长、宽、高所组成的。所以他说，本长（长的理念）是第一个两重性，因为长是从一到一，也就是从点到点。接下来，宽是三重性（trinity），因为三角形是第一个平面图形，而本深（深的理念）则是四重性（quaternity），因为第一个立体的形状是四面体（pyramid），它包含了四个三角形。因为柏拉图相信可感知的灵魂，那么也有一个可分离的灵魂作为它的原因，后者也是来源于数，也就是作为事物的基本原理的"太一"（Unity）和"两重性"（Duality）。柏拉图说，感觉世界，某些方面是凭心识（intellect）认取的，另些则凭知识（knowledge），又另些凭臆断（教条）（opinion），又另些凭感觉（sense），这类的"数"恰是这些物类的形式。[341]阿奎那注释说，在这里柏拉图实际上是说，由于数是物的基本原理，而灵魂是由这些基本原理组成的，那么认识（cognition）之所以可能也是因为数的缘故。灵魂所具有的不同的能力如理智（intellect）、知识（knowledge）、意见（opinion）和感觉（sense）分别来源于太一（一的理念）、太二、太三和太四。例如知识是从一到一，即从原理到结论，体现了两重性。意见则是从一到二，即从原则到带有疑虑（相对于相反的结论而言）的结论，于是就有了三者，即一个

340 Thomas Aquinas.A Commentary on Aristotle's De anima[M]translated by Robert Pasnau,New Haven：Yale University Press,1999：32-33.

341 [古希腊]亚里士多德（吴寿彭译）.灵魂论及其他[M].北京：商务印书馆，1999：54-55. 括号中的英文为笔者所加，便于与下文笔者自译相对照。

原理和两个结论。因为一切事物皆由此物认知，所以柏拉图说灵魂的认知能力源于参与/分有了这四者的本质。故而他说可分离的灵魂是由数构成的，数是事物的基本原理和元素。柏拉图是在这个意义上说灵魂是由他的基本原理构成的。[342]

在对前辈哲学家关于灵魂的观点进行批判的基础上，亚里士多德提出了他自己的灵魂观。他的灵魂观是建立在他关于本体、生命、形式与质料和潜能与实现等学说的基础之上的。他认为本体有三种意义：作为质料，作为形式，作为形式和质料的结合。质料是潜能，形式是实现。自然物有的有生命，有的没生命，生命指的是营养和生长，区别就在于有没有灵魂。有生命的自然躯体是作为形式与质料结合的本体，躯体是它的质料，灵魂就是它的形式。灵魂就作为一个潜在地具有生命的自然物体的形式的意义上是实体，而且是形式意义上的实现（吴寿彭先生译为隐德来希），所以，"灵魂是潜在地具有生命的自然躯体的头等现实性。"[343] 灵魂是有生命的躯体是其所是的本质，它是原理意义上、定义意义上的本体。灵魂是躯体的现实，"灵魂和躯体是不可分离的"。[344]

亚里士多德进一步分析了灵魂所具有的功能，营养、感觉、运动和思维。有些生物具有灵魂的一切能力，有些有其中几种，有些则仅有某一种，正是由此造成生物之间的区别。植物只有营养能力，动物不仅有营养能力还有感觉能力，有些动物除了感觉能力之外，还有进行位置移动的能力，有些则没有，另有一些动物，如人或比人更高贵的，则具有理智的能力。营养能力是最基本的能力，为所有灵魂所共有。因为这种能力是生命的基础，若无这种能力，就不可能有生命。生命体通过这种能力生长和生殖，这种能力可以不依赖其它的能力而存在，可以与其他能力分离，比如植物的灵魂就仅有这种能力。而其他的灵魂则必须同时具有营养能力才能存在。但是营养能力可以在其他灵魂中找到。植物、动物和人的灵魂具有的能力是不同的，但是都具有营养能力，按照亚里士多德的观点，在后者总是包含在前者，正如四边形

342 Thomas Aquinas.A Commentary on Aristotle's De anima[M]translated by Robert Pasnau,New Haven：Yale University Press,1999：33-34.

343 黄颂杰 章雪富.古希腊哲学[M].北京：人民出版社,2009:302.吴寿彭先生译为"灵魂盠是潜在地具有生命的一个自然物体的原始（基本）实现"，见[古希腊]亚里士多德（吴寿彭译）.灵魂论及其他[M]北京：商务印书馆，1999：86.

344 [古希腊]亚里士多德(吴寿彭译).灵魂论及其他[M]北京：商务印书馆,1999:84-88.

包含了三角形，感觉能力包含了营养能力。理智能力又包含了感觉能力。通过对灵魂能力的分析，亚里士多德对灵魂作出了进一步的定义，"灵魂是事物（如动物，或人）赖以生活与感觉与思想的最基本的实是（要素）"，[345] 它是形式或原理，而不是质料或基质。"灵魂是有生命躯体的原因和本原"[346] 灵魂是在三种含义上作为原因与本原：一是作为生物的本体，二是作为生物的动因，三是作为生物的目的。吴寿彭先生指出，这与《形而上学》中提出的"四因"中的三因相应，即灵魂作为形式因（吴先生称为本因"怎是"）、动力因、目的因与作为质料因（吴先生译为物因）的生物躯体相对，这样生物就是灵魂和身体两个对反的合成。[347] 具体而言，首先，事物的本体是事物得其存在的原因，生物的存在就系于生命，故而灵魂正是生命的原因与本原，另外，灵魂作为生物潜在生命之实现，又是它本体的实是（实现）；其次，灵魂作为事物的目的因，因为自然如理智一般总是为了某种目的而有所行动，这目的就是灵魂出于自然而有的素性，一切自然物体都是灵魂的工具，无论动物还是植物，都是为了灵魂而存在的。再次，灵魂还是位移运动的原因，这并非所有生物都具有，状态变化和数量变化也是由灵魂所致。因为感觉和营养都离不开灵魂。[348]

第二节　阿奎那的灵魂观

托马斯·阿奎那的灵魂学说与其实体理论紧密相联。灵魂被置于与肉体的关系中考察，它们之间的关系被看作是存在与本质、形式与质料的关系。中文"形式"对应的希腊原文是 morphe，拉丁文和意大利文都是 forma，本义是指一物体的外观、轮廓、面貌，意大利文的 forma 至今保留着身材、身型之意，我国的宝岛台湾又称福尔摩沙，即葡萄牙语 formosa 的音译，原指美丽丰满，也是由 form 这个词根转化而来。自从亚里士多德的思想产生广泛影响之后，形式才获得新的引申义，指构成万物差异之根据的内在种差，或者是事物的内在结构。也就是通过心灵的眼睛来把握的外观。形式在物体中与质料

---

345 同上，1999：92.

346 黄颂杰 章雪富.古希腊哲学[M].北京：人民出版社，2009：304.

347 [古希腊]亚里士多德（吴寿彭译）.灵魂论及其他[M]北京：商务印书馆，1999：98.

348 黄颂杰 章雪富.古希腊哲学[M].北京：人民出版社，2009：308.

对立，任何一种由尚未被限定的基质与一限定元素[349]两者的结合，前者被称为质料，后者被称为形式或模型。[350]阿奎那对形式的理解上承亚里士多德，认为形式是物之本性实体，是物实现存有之理，是物理领受实体生存必有的凭借，形式的效能是授予生存，充实物质的空虚，成全物体，实现它生存的潜能。[351]

阿奎那关于灵魂的观点主要见于《神学大全》中"论人"（treatise on man）的相关章节。他认为人是精神和肉体组成的实体。神学家们都是通过灵魂而非肉体来认识人的本性（nature），肉体只在与灵魂发生关系时才进入视野。因此，无论对阿奎那还是在他之前的学者来说，关于人的本性的知识就是关于灵魂的知识。灵魂的概念要比人的灵魂的概念广泛得多，它指的是潜在地具有生命的躯体的首要现实性（the first act）。和所有的形式一样，灵魂是一种实现。而跟所有的实现一样，它不为我们直接所知。我们只能从它的 效果（effect）来确认它。首先能为观察者感知的是因它而来的自我运动，自然物有两种，一是天生无活动的（inert），另一种则会生长、变化和由于自身的能量而移动（大多数如此），后者被称为生物，包括植物、动物和人。它们必然具有相应于它们的原理，这原理即灵魂。需要注意的是，不能将生物理解为一台机器，将灵魂理解为它的发动机。这是笛卡尔所提出的试图取代亚里士多德的生物概念。对继承了亚里士多德灵魂观的托马斯·阿奎那来说，灵魂不仅让身体运动，它首先使其成为一个身体（body）。尸体（corpse）不是身体（body）。灵魂使其作为身体而存在。是灵魂将生化元素（有机的和无机的）组合成一个活的身体。在这个意义上，灵魂是它的第一实现，即使之是其所是者（make it to be）。灵魂，作为有组织的质料的形式，即使是其中最卑微者，也是非质料的和非肉体的。[352]

---

349 限定元素听起来似乎难以理解，我个人认为，古希腊哲学深受两种行业的影响，一是手工业，一是航海业，在他们对哲学乃至政治学的思考上可以明显地看出类比思维的痕迹，与华夏先民远取诸物，近取诸身可谓不谋而合。所谓形式与质料的区分，与手工制造业的模子有很强的对应观念。同一块模具，打造出来的工具可能有所差异，它们的材料（质料）是一样的，差异就在何种程度上接近模具（形式）。

350 刘素民.托马斯·阿奎那自然法思想研究[M].北京：人民出版社，2007：134.

351 托马斯：《哲学基础》（一）史料选读与性体因素论，吕穆迪译述，台湾：商务印书馆，1969 年，第 6 至 9 页。转引自同上.

352 Gilson.The Christian Philosophy of St.Thomas Aquinas[M].New York：Random House,1956：187.

首先，阿奎那认为灵魂是没有形体的（soul is not a body），也即是不占据空间的。他引用奥古斯丁的话说，灵魂就其不占据任何空间而言，相对于形体是单纯的。有人认为灵魂是形体的运动原理。如果不受外力推动，它就不会动。首先，任何东西如果不受外力作用自己不会运动，因为没有东西能将自身不具有的东西给予它物，比如，本身不热的东西不能放出热量。其次，如果有一物未受外力推动却自身运动，它就是永恒运动的原因，如《物理学》第 8 卷第 6 章所证明的。这一情况不见于动物，因其运动之因乃是灵魂。因此灵魂是受动的推动者（mover moved）。但是所有的受动的推动者都是一个形体，因此灵魂是一个形体。阿奎那指出，对于任何运动着的物体都受它物的推动这一命题，不能无限推导下去，必须承认不是所有的推动者都是受动的。因为受动意味着从潜能到实现，推动者将其所具有的给予受动者，即使其潜能成为实现。但正如《物理学》第 8 卷第 6 章所说的，有一个不动的推动者，它既不是出于本性的也不是偶然地被推动，这样的推动者造成的是不变的运动。另一种推动者不是出自本性地被推动而是出于偶然地被推动，因此它不会造成不变的运动，这样的推动者就是灵魂。还有一种推动者是出自本性地被推动，即形体（body）。因为早期的哲学家认为只有有形体之物才存在，所以他们坚持所有的推动者都是被推动的，所以灵魂既然直接被推动，那它就是一个形体。还有人认为任何知识都是基于相似（likeness）而来。但是一个形体和无体（incorporeal）物之间没有任何相似，如果灵魂不是一个形体，它就不能具有有形之物的任何知识。阿奎那指出，关于认识对象的相似并非以现实的方式存在于认识者的本质之中，而是潜在的方式存在，之后才现实地被认识。正如颜色并非现实地存在于瞳孔之中，而是潜在地存在。因此灵魂的本质之中并不需要现实地存在一切有体之物的相似之处，只需潜在地存在即可。但是古代的哲学家们忽略了潜在与现实的区分，所以他们才认为灵魂必须是一个形体，否则无从认识其它形体，并且它应当由组成其它一切形体的所有元素构成，这样才能认识所有其它形体。最后一种疑问认为在推动者和受动者之间必然有接触（contact）。但是接触只能发生在有体物之间。既然灵魂推动形体，那么灵魂必然也是形体。阿奎那的解释是，接触有两种：一种是"量"（quantity），一种是"力"（power）。按照前一种方式一个形体只能与另一个形体接触。按照后者一个形体能够与无形体的东西接触，并受到它的推动。故而阿奎那总结说，要确定灵魂的本质（nature），必须将灵魂界定为有生命之物的第一生命原理。因为我们将所有活物称为 animate，即具有灵魂之意（拉丁文"灵魂"为 anima），将无生命之物称为 inanimate。生命主要有两种表现：知识和运动。早期的哲学家们不能超越他们的想象，认为这两者的原因都是有形之物，因为他们认为只有有形之物才是真实的，没有形体的则不存在。所以他们认为灵魂是有形体之物。有很多方法可以证明这种看法是错误的，但是我们只需使用一种基于普遍的确定的原则的方法即足以证明灵魂并非一个形体。并非所有的生命活动的原因都是灵魂，否则眼睛也是灵魂，因为它是视觉的原理。这也适用于灵魂的其它工具。但是灵魂是生命的第一原理。尽管一个形体可能是生命的一个原理，如心脏是动物生命的一个原理，但是没有任何肉体的东西能够成为生命的第一原理。因为如果一个形体是生命的原理，那么所有的形体都是一个生物或生命的原理。因此形体就"这一"形体而言足以成为一个生物甚至生命的一个原理，但是它需要某个原理成为它的实现（act）。因此灵魂作为生命的第一原理，不是一个形体，而是这个形体的实现（act），正如热（heat）作为发热（calefaction）的原理，不是一个形体，而是形体的实现。[353]

其次，灵魂不仅是无形体的，而且是实体（subsistence），因为灵魂是理智活动（intellectual operation）的原理，在阿奎那及其前人看来，只有通过理智活动，人才能拥有关于一切有体之物的知识。但是这些知识不可能存在于认识者的本性之中，因为本性中存在的关于特定物的知识会妨碍对其它物的认识。正如一个发烧的病人会嘴里发苦，从而无法用舌头分辨任何甜的东西，一切对他来说都是苦的。同理，理智活动的原理如果拥有某一物的本质那么它就无法知道所有物。每一物都有自己的规定性的本质，因此理智的原理不可能是一个有体之物。同样它也不可能通过有体的器官来认识，因为器官亦有其规定性本质，从而妨碍他认识所有物体。就好象当一种颜色不仅存在于瞳孔之中，也存在玻璃瓶中时，瓶中的液体看上去似乎也是同一颜色。因此心灵或理智有一种"为自身"（per se）的与躯体分离的活动。而只有实体才能有为自身的活动，因为只有现实的才能有活动。因此我们不说热量给予热量，而是热的东西给予热量。（We do not say that heat imparts heat,but what is hot gives heat.）所以被称为理智或心灵的人类灵魂是无形体的和存在的（实体）。[354]

---

353 Summa Theologica,I,q75,1.
354 Ibid,q75,2.

第三，人的灵魂是存在的实体，野兽的灵魂却不是。尽管人和野兽属于同一种（genus），但却不属于同一类（specy）。在类上的差异导致他们拥有不同的形式，尽管他们在种上是同一的。古代的哲学家不懂得感觉和理智的区别，将两者都归结为一个有体的原理。柏拉图对理智和感觉作了区分，但是他将两者都归结于无形的原理，认为感觉和理解都是同样属于灵魂的，从而推出野兽的灵魂也是存在的实体。但是亚里士多德指出，唯有灵魂的活动即理解是无需器官的参与的。另一方面，感觉和感觉灵魂的其它活动都明显地受到身体的制约，例如在视觉的活动中，眼睛的瞳孔受到颜色折射的影响，其它感觉也是如此。显然感觉灵魂（sensitive soul）没有为自身（per se）的活动。它的每一活动都从属于灵肉复合体。既然野兽的灵魂没有为自身的活动，那么它就不是存在的实体。因为万物的活动方式遵循其存在的方式。[355]

第四，人不仅仅是灵魂，也不仅仅是肉体，而是灵与肉的复合体（composed of soul and body）。那些认为灵魂是人的观点是错误的。对于灵魂是人有两种理解：首先，人是灵魂，尽管具体的人，比如苏格拉底，不是灵魂而是灵肉复合体。有些人认为仅仅形式是属于类（specy）的，而质料只是个体的一部分，它不属于类。这种说法是错误的。定义所表明（signify）的是属于类的本质之物。而对自然物来说，定义表明的绝不仅仅是形式，而是形式和质料。因此，在自然物中，质料也是类的一部分。定义所表明的不是个体化的质料，而是共同的质料。比如就这个人的概念来说他是由这个灵魂、这个肉体和这些骨组成的；对人的概念来说，他是由灵魂、肉体和骨组成的。一类之中所有个体本质所共同包含之物，必然属于此类的本质。对"灵魂是人"还有一种理解，即这个灵魂是这个人。如果感觉灵魂的活动是可以不依赖身体而专属于灵魂的话，那么这个观点是可以成立的。因为那样一来原本属于人的活动就专属于灵魂了。任何能够完成一物特有的活动者，即是该物。故而能够完成人所特有活动者，即是人。正如前面所证明的，感觉不仅仅是灵魂的活动，而是人的活动，而且不是人所特有的活动。人是灵魂和肉体的复合体，柏拉图，因其坚持感觉是灵魂特有的活动，认为人是使用身体的灵魂。[356]

第五，灵魂不是质料和形式组成的，它既非由有形的质料组成，也非由精神质料组成。托马斯·阿奎那说，灵魂没有质料。可以从两个方面来考虑

---

355 Ibid,q75,3.
356 Ibid,q75,4.

这个问题。首先，从灵魂的一般概念而言，灵魂是身体的形式。它作为形式要么由于自身的全体（in its entirety），要么是由于自身的一部分。如果出于其全体，那么它的任何部分都不可能是质料，因为通过质料我们只能了解一些完全潜在之物，而形式是实现（act），而完全潜在之物不可能是实现的一部分。因为潜在与实现是相对的，它们不可能同时存在。如果灵魂是由于其某一部分而成为形式，那么被称作灵魂的就是这一部分，而被其首先现实化的质料，我们称之为"第一活力"（primary animate）。其次，我们可以就人类灵魂的具体概念即理智来考虑这个问题。显然任何东西在被接受时都要受制于接受者的条件。一物之被认知是因其形式存在于认知者之中。但是理智灵魂知道的是一物的纯粹的本质（nature），比如他对一个石头的认知就是纯粹地作为一个石头，即石头的形式，这形式原已存在于理智灵魂之中。因此理智灵魂本身是一个纯粹的形式，而不是形式和质料的复合体。如果理智灵魂是由形式和质料组成，那它就不能认识诸事物的形式，而只能认识作为个体的事物。感觉功能通过器官接受形式时就是如此，因为质料是形式个体化的原理。因此，理智灵魂以及一切拥有纯粹形式知识的理智实体，都不是质料和形式构成的。[357]

第六，人的灵魂是不朽的（incorruptible），而野兽的灵魂是有朽的。尽管人和野兽皆来于土并归于土。阿奎那说，人类灵魂作为理智的原理是不朽的。一物之可朽有两种含义：因其自身（per se）和偶然地（accidentally）。任何实体都不可能偶然地产生和朽灭，也就是因为它物的缘故而生灭。对一物而言，它的存在由产生而来，因朽灭而丧失。因此一切因自身（per se）而存在之物不可能因其它原因生灭。而那些并非因自身存在之物，譬如偶然之物（accidents）以及质料化的形式（material forms），则因复合体的生灭而获得或失去存在。人的灵魂是自存的（self-subsistent），野兽的灵魂则否，所以野兽的灵魂是有朽的，当它们的躯体朽灭时，它们的灵魂也消失；而人的灵魂却并非如此，除非他因自身（per se）之故。不仅人类灵魂，一切仅仅作为形式而存在之物皆不朽。因为因自身之故属于某物者与该物是不可分的，而存在因其自身之故属于形式，而形式乃是实现（act）。质料与形式结合才能获得现实的存在（actual existence），当形式与其分离时它就朽坏。而形式不可能与其自身分离，所以一个存在的形式不可能停止存在。[358]

---

357 Ibid,q75,5.
358 Ibid,q75,6.

第七，理智原理（intellectual principle）是人的形式。正如亚里士多德说，差异源于形式。人的形式是理性的。因为使一物成为现实的正是其形式。比如使身体获得治愈的是健康（health），使灵魂获得认识的是知识（knowledge），故而健康是身体的一种形式，知识是灵魂的一种形式。因为一切若无活动则无法成为现实，而使身体获得生命的正是灵魂。生命在不同等级的生物身上是通过不同的活动来表现的，使我们得以完成这些生命活动（vital action）的正是灵魂。灵魂是我们的营养、感觉、移动和理解的第一原理。因此这使我们理解的第一原理就是我们身体的形式。[359]

第八，每一个体各有一个灵魂，而非所有个体共有一灵魂。因为正如柏拉图所坚持的，人就是理智本身。如果人共有一个理智灵魂的话，那么苏格拉底和柏拉图就是同一个人，他们之间只有一些与本质无关的区别，诸如一个穿束腰外衣另一个穿斗篷，这显然是荒谬的。按照亚里士多德在《论灵魂》中的观点，理智是灵魂的一种功能或一部分，而灵魂是身体的形式。如果所有人共有一个灵魂的话，则许多个体共有一个形式，这样的话他们将只有一个存在，因为形式是存在的原理。无论理智以何种方式与这个或那个人结合，这都是不可能的。假设有一个行动者（agent）和两个工具（instrument），当一人用他的两只手触碰几件物体时，我们可以说只有一个行动者，但是有好几个行为，因为触碰的主体只有一个，但是接触的途径有两个。如果反过来，假设只有一个工具和几个行动者。我们可以说只有一个行动，但是有几个行动者。比如说很多人用一根绳子拉船，有很多拉的行为（many drawing），但是拉力（pull）只有一个。如果只有一个行动者和一个工具，比如当铁匠用铁锤敲打时，只有一个行动者和一个行为，即只有一个敲打者和一个敲击的行为。故而很清楚无论理智以何种方式与这个或那个人结合，理智对于其它属人之物都具有优先性，因为感觉的功能服从理智并为它服务。如果我们假设两个人拥有好几个理智和一个感觉，比如两个人只有一只眼睛，就会有几个观看者，但是只有一个视觉（sight）。但是如果只有一个理智，无论它有多少工具可以使用，苏格拉底和柏拉图也只能是一个有理解力的人（one understanding man）。何况作为理智的活动的理解（to understand）除了理智之外不受任何器官影响。这将导致只有一个行动者和一个行动，也就是说所有的人只是一个理解者（understander），并且只有一个理解的活动。[360]

---

359 Ibid,q76,1.
360 Ibid,q76,2.

　　第九，除了理智灵魂之外，身体之中并无其它灵魂。柏拉图认为人体之中有几个灵魂，并且对应不同的器官和不同的生命活动，比如他认为营养的功能在肝，欲望的功能在心，认知的功能在脑。这种观点被亚里士多德所否定。他认为灵魂的不同部分使用这些器官，在那些被分割之后依旧生存的动物身上，可以观察到灵魂的不同活动，比如感觉和欲望，如果灵魂的不同活动是本质上有别的，而且分布于不同的器官，这种现象就无法解释。但是关于灵魂的理智部分究竟是只在逻辑上还是也在位置上与灵魂的其它部分相区别，他并未下断语。如果灵魂不是作为身体的形式而是作为它的推动者，那么柏拉图的观点或许是可以成立的。因为一个可移动之物由几个推动者来推动，这并没有任何不合理之处，尤其是当不同的推动者推动它的不同部分时。但如果我们假设灵魂是作为身体的形式的话，同一个身体中存在几个本质上不同的灵魂是不可能的。一个动物如果拥有几个灵魂，就不再是纯粹的"一个"动物。因为万物皆靠形式获得存在，若非具有一个形式则不能其为一。通过形式一物获得存在和自身的一致（unity）。由几个不同的形式主宰之物就不是纯粹的统一体。比如一个白人，人由一个形式（植物灵魂）成为活物（living），由另一形式（感觉灵魂）成为动物（animal），再由另一形式（理智灵魂）成为人，那么这个人就不是纯粹的统一体。如亚里士多德在《形而上学》第 8 卷第 7 节所指出的，如果动物的理念与两足动物的理念是不同的，那么一个两足动物就不是纯粹的一。因此，对那些坚持身体中有几个灵魂的观点，亚里士多德在《论灵魂》第 1 卷第 5 章中问，是什么包含它们（这些灵魂）？也就是说，是什么使这些灵魂成为一体？不能说因为它们因一个身体而联合为一，因为是灵魂包含身体并使其为一而不是相反。因此我们可以说感觉灵魂（sensitive soul）、理智灵魂（intellectual soul）和营养灵魂（nutritive soul）在人身中是一个灵魂。如果我们考虑到类（specy）和形式（form）的区别就很容易解释这一点。我们可以看到事物的类和形式就完善和不完善而言在类和形式上有区别。例如在事物的秩序中，有生命的（animate）要比无生命的（inanimate）更完善，动物要比植物更完善，人比野兽（brute animal）更完善。而在每一种（genera）之内又有不同的级别。职是之故，亚里士多德在《形而上学》第 8 卷中将事物的种类比作数字，它们因与整体（unity）的增加或减少而有种类上的区别。在《论灵魂》第 2 卷第 3 章中，他将不同的灵魂比作不同的图形，一个包含另一个，如五边形（pentagon）包含且超过（exceed）

四边形（tetragon）。因此理智灵魂包含所有属于野兽的感觉灵魂之物和所有属于植物的营养灵魂之物。因此，正如一个五边形的平面并非就一个形状（shape）而言是四边形，就另一个形状而言是五边形——包含于五边形之中的四边形是多余的，苏格拉底也并非因一个灵魂是人，因另一个灵魂是动物，而是因同一个灵魂既是动物又是人。阿奎那继承了亚里士多德的看法，认为人只有一个灵魂，即理智灵魂，但是理智灵魂包含了营养灵魂和感觉灵魂的所有功能。[361]

第十，在灵魂的三种功能（power）之间，是有秩序的。灵魂只有一个，功能却有多个，它们之间有三种秩序关系，其中两个是出于一个对另一个的依赖，第三个则是由对象的秩序而来。一功能对另一功能的依赖（dependenc）可以有两种方式，即通过本性的秩序（order of nature）即完善者先于不完善者和通过产生的秩序（order of generation）也就是时间的秩序，即一物总是从不完善趋向于完善。按照前一种秩序，理智功能先于感觉功能，指导并对其发出命令；同样的感觉功能对营养功能也是如此。按照后一种秩序，营养功能在产生上先于感觉功能，因为营养功能使身体成为可能，同样地感觉功能对于理智功能也是如此。在第三种秩序中，某些感觉功能即视觉、听觉和嗅觉自有其秩序，因为可视之物最先出现，无论对高级还是低级躯体都是如此；而声音只在空气中才能听见，就其本性先于元素的混合，也就是嗅觉。

十一，在灵魂的各个功能之中，理智和意志是一直保持在灵魂之中的，即使肉体朽坏之后，但是其它功能如感觉和营养则并非如此，因为它们属于灵魂和肉体的复合体，当肉体朽坏后，这些功能在灵魂中不再是现实的，而是以原理的方式保存于灵魂之中，因为这些功能离开肉体器官就无法实现。[362]

第三节　阿奎那对亚里士多德灵魂观的吸收和改造

唐逸先生指出，阿奎那认为，灵魂是身体的形式，灵魂本身不是完整的实体，灵魂与身体结合方为人的实体。没有灵魂的身体不成其为身体，只是

361　Ibid,q76,3.
362　Ibid,q77,8.

部件的集合，有了灵魂才成为人的身体。灵魂并非如柏拉图主义者所称是驾驭身体之船的水手，反之，灵魂与身体是形式与质料构成的完整实体。人和动物一样，都是灵魂与身体构成的整体。[363]在这些方面，阿奎那都是追随亚里士多德的。他既反对波纳文图拉关于人有复合（多个）实体形式的学说，又反对阿威罗伊的人类共有单一灵魂的理论。

赵敦华先生指出，阿奎那在讨论人的时候遵循两条基本原则：第一，人是由肉体和灵魂组成的有形实体；第二，人的灵魂是单一的精神实体。他在论述人的活动时，区分了在肉体与灵魂结合情形下人的生命活动和按照精神实体本性进行活动的灵魂的活动。灵魂既是人的构成要素，又在人之中保持着精神活动的纯粹性与独立性；它一方面与肉体结合，又一方面又与上帝相通。但这两方面的联系都是出自于灵魂的本性或灵魂的自然。在阿奎那关于灵魂的学说中，"神学色彩或神秘主义的因素被降低到当时历史条件所容许的最低限度"。[364]

刘素民博士指出，托马斯·阿奎那将魂分为三种，植物灵魂（vegetative soul）、感觉灵魂（sensitive soul）及理性灵魂（rational soul）。也有学者分别译为生魂、觉魂和灵魂。[365]托马斯·阿奎那这种三分法是追随亚里士多德在《论灵魂》中的论述，他关于它们之间的关系的看法也跟亚里士多德一致：感觉灵魂包括植物灵魂，理智灵魂包括感觉灵魂，它们的级别从低到高是植物灵魂、感觉灵魂和理智灵魂，分别对应植物、动物和人类，级别较高者包含级别较低者。魂的表现是生命，不同的魂按其所表现的"生命模式"分为四种：植物性（vegetative）生命、感觉性（sentitive）生命、移动性（locomotive）生命及理智性（intellectual）生命。魂所表现的生命力量有五种：生长（vegetative）、感觉（sensitive）、欲求（appetitive）、移动（locomotive）及理性（intellectual）。这三种灵魂、四种生命模式与五种生命力量之间的关系如下：植物性生命只有植物生命的模式，只有生长的生命力量；动物性生命有感觉性及移动性两种生命模式，具有生长、感觉、欲求和移动四种生命力量；人是理性生命，具有理智型生命模式，五种力量全部具备。[366]这是阿奎那所接受的亚里士多德的灵魂思想。

---

363 唐逸.理性与信仰[M].桂林：广西师范大学出版社，2005：251.
364 赵敦华.基督教哲学 1500 年[M]..北京：人民出版社 1994：388.
365 刘素民.托马斯·阿奎那自然法思想研究[M].北京：人民出版社，2007：137.
366 Summa Theologica,I,q78,1.

刘素民博士引述吕穆迪神父的观点说，按照托马斯·阿奎那的看法，实体形式是实现，是构成事物之完善的内在原因，事物的实际存在须凭实体形式才成为可能。实体形式是唯一的，因为一个独立的实体，包含许多实体性理（形式），则构不成本体纯一的实体，只不过是偶性的连合，有着统一的外表而已。例如"白人"，外表合一，实理绝异。"白"理之所指，不是"人"理之所指。所指实异，故非本体纯一。阿奎那认为，个体独立的"这个人"，除理性的灵魂外，没有别的实体形式。人所以是人，不但是人，而且同时是动物、又是生物，又是实体，又是物体；所凭借的内在因素，就是他的实体形式，这就是"灵魂"。托马斯·阿奎那认为，如果质料中除了理性灵魂之外，还存在着另一个实体形式，且该形式又使灵魂的主体获得实际的存在，那么事物存在就并非是在绝对的意义上由灵魂赋予，也就不会有借灵魂的实现而产生的绝对生成，即使灵魂消灭也不会产生绝对的毁灭。阿奎那认为，这显然是有问题的。如果理性灵魂不是像形式之于质料那样与肉体结合为一体，而只是如同柏拉图学派所说的一个动者，那么，必然有另一个形式在人之内，使得肉体能够成为被灵魂推动的存在。但是，如果理性灵魂是如实体形式一般与肉体结合为一体，那么，在人身上，除了理性灵魂之外，并没有其他的实体形式。[367] 此处对托马斯·阿奎那的灵魂观点的介绍极为精到，但是有一点值得指出，托马斯·阿奎那关于灵魂的观点主要见于神学大全的"论人"（treatise on man），在这一部分中，他的确举过"白人"的例子，这个例子也的确出自关于人除了理智灵魂别无其它实体形式，但是在这个例子中，并未讨论"白"的问题，他的论证是说一个"白人"并非因其活着而有植物灵魂、因其是动物而有感觉灵魂和因其是人而有理智灵魂，相反，他是因理智灵魂而同时是人又是动物又是活的。[368] 根据笔者以"white man"检索的结果，在关于人也即关于灵魂的相关章节中，托马斯·阿奎那并未举过其他"白人"的例子，所以所谓"'白'理之所指，不是'人'理之所指。所指实异，故非本体纯一"无论在出处上，还是在义理上，都不属于托马斯·阿奎那。因为理智灵魂（人）、感觉灵魂（动物）与植物灵魂（生命或活物）之间的关系与"白理"

---

367 吕穆迪：《托马斯论人本体的灵肉无间的问题》，《现代学人》1962 年第 5 期，转引自刘素民.托马斯·阿奎那自然法思想研究[M].北京:人民出版社,2007:135-136。

368 Summa Theologica,I,q76,3.

与"人理"之间的关系实不可同日而语，理智灵魂是包含感觉灵魂和植物灵魂的所有功能的，而人与白之间则互不包含。

　　关于阿奎那的灵魂观，徐弢博士在赵敦华教授的指导下写出了《托马斯·阿奎那的灵魂学说探究》一书，对阿奎那灵魂学说的研究进行较为详细的介绍和分析，是迄今为止所见的关于阿奎那灵魂学说的系统性研究，涉及了阿奎那的灵魂观中所涉及的众多哲学问题。但是以上这些著作都致力于研究托马斯·阿奎那灵魂思想的哲学方面的意义，忽略了托马斯·阿奎那作为天主教的理论权威，他必然相信灵魂是上帝所造，他引入了亚里士多德的"灵魂是不朽的理性形式"的说法来解释基督教的基本信条，但也给他带来了众多麻烦，圣经里从来没说灵魂是不是纯形式，它是否会占据空间，但是引入了亚里士多德质料形式理论的托马斯·阿奎那则必须处理这些问题。《神学大全》的增补部分有专条讨论人死后灵魂的归宿问题，它们是否占据一定的空间，以及在人死后到最后审判之前灵魂的居所的问题。[369]

　　这个问题看起来属于经院哲学式的神学问题，但是对托马斯·阿奎那来说，则是重大的理论问题，因为灵魂作为无形之物，在其与身体分离之后，是不占据任何空间的，无论是波埃修斯还是奥古斯丁都赞同这一点，所以如果说灵魂在与肉体分离后被限于一固定地点是奇怪的。按照基督教的教义，灵魂在与肉体分离后受到的无非是来自神的奖惩，然而无论奖惩都与有形之物无关，所以将灵魂与特定场所联系起来是不合理的。然而按照教义，天堂是一个有形的地方，而且充满天使。既然天使作为分离的灵魂也是无形体的，那么有一个地点来接受分离的人类灵魂也不奇怪。而且根据教皇格里高利的说法，人死后灵魂各有其归属。阿奎那认为，尽管精神实体不依赖一个躯体来获得其存在，但是如奥古斯丁所说，上帝是通过精神世界来统治这个有形世界的，因此在精神实体与有形实体之间存在某种一致性（congruity）。越高贵的形体适于越高贵的实体。亚里士多德也认为分离的实体的秩序是与可推动之物的秩序一致的。因此尽管死后灵魂不再有一个身体，但是有一个有形的空间会按照它们的尊贵等级（nobility）——即他们接近第一实体（the first substance）的程度——指派给它们。那些完美地分享（share）上帝的灵魂进入天堂，反之则否。给灵魂指派空间的方式并非我们所熟悉的有形体与空间的那种方式，而是以我们不能完全明白的方式（a manner that can not be fully

---

369 Ibid,sup,q69.

manifest to us）。灵魂所受到的奖惩并非直接地来自特定的空间，但是灵魂通过知道自己来到特定的空间而感到喜乐或愁苦，从这个意义上说，这些空间导致（conduce）了它们的奖惩。[370]

可以说，如果要对托马斯·阿奎那的灵魂思想有一个完整的如其本来的认识，这些内容都是不应忽略的。他不仅在解决这些问题时娴熟地引用了亚里士多德，更重要的是他以亚里士多德的范畴来解决神学的疑难，鲜明地表现了在他的思想中，保罗始终是高于亚里士多德的，正如他的名言所说，哲学是神学的婢女。[371]

---

370 Ibid,q69,1.

371 转引自唐逸.理性与信仰[M].桂林：广西师范大学出版社，2005：244.

第四章　灵魂与自然：阿奎那自然法思想新释

第一节　灵魂观与自然法的结构对应

阿奎那说，"自然法即理性受造物对永恒法的参与/分有"（It is therefore evident that the natural law is nothing else than the rational creature's participation of the eternal law）[372]按照阿奎那的神学思想，上帝创造人并规定人的本质时，已经在人的心中烙下了部分的永恒法，人在认识自己的本性时，也就是认识这部分的永恒法。这被人所认识的永恒法即自然法，也就是说，作为上帝整个计划的一部分，自然法早已烙印在人的心中。[373]人无法在上帝的理智内认识永恒法，但是，具有理智的人可以通过认识自己本性，了解自己的基本倾向和需要来认识人所固有的自然法。在阿奎那看来，每个人都有自然的倾向，去实现自己的潜能，成就人所应有的善。每个人都具有理性，借以反省自己的本性，为自己宣布自然法。自然法分有或反映着永恒法。永恒法之于自然法，并非从上而来的一种命令，人事实上能够认出自然法本身所具有的合理性和约束力，并向自己宣布。[374]

刘素民博士指出，阿奎那所说的"自然法"不等于自然规律。在他看来，宇宙间的万物由于不具有理智，只是遵循自然规律和永恒法，而不能根据永

372　Summa Theologica,I-II,q91,2.

373　Ibid.

374　刘素民.托马斯·阿奎那自然法思想研究[M].北京：人民出版社，2007：95.

恒法和自然规律给自己宣布任何命令。而人作为具有理性的被造物，能够认识永恒法和自然规律，并给自己宣布命令，这命令就是"自然法"。在托马斯·阿奎那的思想里，"自然法"并非简单地意味着对事物本性的反映，而是人的理智通过反省事物本性，特别是自己的本性而给自己宣布的自然命令。自然法不是简单的对本性的理性认识，而是理性所宣布的反省结果。[375]

自然法的基本原则，就是行善避恶，自然法的三条规则，都以之为基础。[376] 对于这条最基本的自然法则，人们不可能一无所知，因为人们本性中有求善的倾向。它的内容具体包括以下三项：

人的自然倾向第一条是自我保存，这和其它实体的本性要求是相同的。根据这一倾向，追求一切有益于保存人的生命的和避免一切有害于人的生命的都是合乎自然法的。自然倾向的第二条是即倾向于他特有之物，这是与其它动物共通的本性，属于"自然教给所有动物的"，如性行为和教育后代等。第三，人出于理性的本性，还有善的自然倾向，这是他特有的本性，即人自然倾向于知晓上帝的真理，过社会生活（to live in society）。在这一意义上，这一倾向的内容也属于自然法，比如避免无知，不冒犯他人，诸如此类。[377]

关于自然法的三个命令与其总原则"行善避恶"之间的关系。傅乐安先生曾在其著作中提出疑问，"这第三个命令与第一、二两个命令相比，同'行善避恶'究竟有多大联系，这是令人费解的，可是，托马斯就是这样罗列这三个规则作为关于善的自然法的范例。"[378] 刘素民博士在书中引述了傅先生的这一疑问，但是并没有作出进一步的阐述。[379]

关于这一点，正是本文所试图解决的问题，首先，这个问题可以从阿奎那的神学思想方面得到说明。阿奎那的神学思想表现为一个以上帝为中心的外显-回归（Exitus-Reditus）结构。阿奎那说："天主是万有之开端，亦是万有之归宿。"[380] 一切被造物皆出于上帝（Exitus），因此上帝是万有的第一动力因（the first efficient cause），万有之存在皆赖于上帝。[381] 同时，上帝也是一切被造物的目的因（the final cause），万有皆朝向、趋近和回归于斯（Reditus），

---

375 同上.

376 Summa Theologica,I-II,q94,2.

377 Ibid.

378 傅乐安.托马斯·阿奎那基督教哲学[M]上海：上海人民出版社，1990：192。

379 刘素民.托马斯·阿奎那自然法思想研究[M].北京：人民出版社，2007：97.

380 Introduction to Summa theologiae,Ia,2.

381 Summa theologica,I,q44.1.

一切被造物之目标或完全（perfection）皆包含于上帝之中。[382] 如保罗所说："万物都出于他，依赖他，而归于他。"（《罗马书》11：36）对阿奎那来说，所有被造物皆源于上帝，一切由其分离之物皆赖上帝得以存在，一切被造物欲求自身之完全，必然归向上帝。亚里士多德认为，万物皆追求自身的善，善是万物的目的。阿奎那说，上帝就是至善，是万物所渴求的，一切被造的善都源于上帝，一切被造物的完满都包含于上帝自身之中。因此只要一个被造物寻求自身的完满，就必然倾向于上帝，因其完满就在上帝之中。[383] 所以，只要我们对托马斯·阿奎那关于善的神学思想有所了解，就不难理解为什么他说认识上帝是"行善避恶"的第三条规则了。

这样的说法似乎流于空泛，或许不足以让人心服。其实阿奎那自己对于这第三条规则与善的关系作了清楚明白的说明，只是长期以来，研究托马斯·阿奎那自然法的学者要么是从事法学研究的，要么是从事伦理学研究的，目光都集中于他"论法律"的章节，最多再加上"论正义"章节中有关自然法的条目。以我目前所见，没有人注意到阿奎那在"论婚姻"和"论童贞"的章节中对自然法的三条规则之间的关系进行了更详细的阐述，而且是以与善的等级相对应的方式进行的，足以回答傅乐安先生等研究阿奎那的学者长期以来的疑问。

在讨论"婚姻是否符合自然法"（Whether matrimony is of natural law）时，阿奎那作了肯定的回答，婚姻是符合自然法的。但是他区分了"自然"的两种含义，一是作为自然原理的必然结果，诸如火必然向上运动，在这个意义上，婚姻不是自然的，也不是自由意志所造成的；二是作为本性所倾向并由自由意志所完成的。比如德性的行为是本性所倾向的，在这个意义上，婚姻是自然的。自然倾向于婚姻有两个理由，一是为了后代的善，也是主要的理由，即本性不仅倾向于生育（beget）后代，而且通过教育和培养（education and development）来使他们获得完善。二是次要的理由，即家务上的合作，因为人的本性倾向于共同生活。[384]

但是这样就有一个问题，因为罗马教廷是提倡禁欲和童贞的，这就与自然法的第二条命令相冲突，自然法是要求男女结合的，而教会则提倡禁欲，这是近代自然法思想家所无需考虑的问题，对阿奎那来说却是必须面

382 Ibid,q44,4.
383 Ibid,q6.1.
384 Ibid,sup,q41.1.

对的质疑。故而他接着讨论了婚姻是否是一条规则（Whether matrimony still comes under a precept）？阿奎那又运用区分的方法，认为婚姻不是规则的内容，即不是每个人都要遵守，他将本性倾向区别为两种含义，一是个体的完善（perfection of the individual）所必需的，这种倾向是对每个人都有约束力的；二是为了共同体的完善（perfection of the community）所必需的，这种事很多，而且彼此妨碍，因此它不是以规则的方式约束每一个体的，否则每个人都得去从事农业（husbandry）和建造业（building）等人类共同体所必需的行业，所以这种自然的倾向由不同的人以不同的方式来完成。所以人类共同体的完善需要一些人献身于沉思生活（contemplative life），而婚姻是沉思生活的巨大妨碍，所以婚姻的自然倾向并不以规则的方式约束每一个人。[385]

在这里，阿奎那指出作为自然倾向的婚姻是沉思生活的巨大障碍（a very great obstacle），而沉思生活是认识上帝所必需的，可见在阿奎那的自然法三条规则之间，是存在一定的紧张关系的，作为上帝刻在人们心中的自然法，它们之间的这种紧张关系如何解决呢？阿奎那通过区分作为个人的完善和作为共同体的完善，将婚姻生活与沉思生活类比为社会分工，即对人类共同体的完善来说，它们都是必需的，而且彼此之间有冲突，只能由不同的人分别承担。但是这里阿奎那并未涉及它们之间的高低优劣问题，从这一条里我们只能看出它们是分工不同，看不出谁的等级更高。在论童贞（virginity）是否非法时，阿奎那对自然法的三条规则之间的关系作了进一步的阐释。[386]

疑难一：任何违反自然法的命令的都是非法的，圣经上说："乐园中各树上的果子，你都可吃。"（《创世纪》2：16）这指示（indicate）了自然法的一条命令，即保存个体自身。所以圣经的另一段话"你们要生育繁殖，充满大地"（《创世纪》1：28）表达了自然法的另一条命令，即种类的保存。正如拒绝吃一切食物是一种罪（sin），因为它是反对个体的善的行为，拒绝完成一切生殖活动也是一种罪，因为它是反对种类的善的行为。

与之相反，罪（sin）不是直接建议（counsel）的内容，但童贞则不同，因为圣经上说（《科林多前书》7：25）："论到童身的人，我没有主的命令……说出我的意见。"所以，童贞不是非法的。

385 Ibid,q41,2.
386 Ibid,II-II,q152.

　　阿奎那的回答是，人类行为中，违反正当理性（right reason）的就是有罪的（sinful）。正当理性要求人类应当以适合目的的方式使用那些指向目的的事物。亚里士多德在《尼各马可伦理学》第一卷第 8 章中所说，人的善有三种：第一是存在于外在事物之中的，如财富；第二是存在于躯体之中的善；第三，是存在于灵魂之中的善（沉思生活的善要先于实践生活的善）。耶稣说："玛丽亚选择了更好的一份。"（《路加福音》10：42）在这些善中间，外在的善是为了躯体的善，躯体的善是为了灵魂的善。那些实践生活的善是为了沉思生活的善。正当理性要求人以适合躯体的善的方式使用外在的善，以此类推。如果一个人为了躯体的善或为了对真理的沉思（contemplation of truth）而放弃了对特定物品的占有（尽管对他来说占有它们也是善）并非有罪的，而是符合正当理性的。类似地，人若为了更自由地对真理进行沉思而放弃躯体的快乐，也是合乎正当理性的。圣洁的童贞是为了有更多的闲暇可以自由地对神进行沉思（Divine contemplation）而放弃一切性的快乐（venereal pleasure）。使徒说（《科林多前书》7：34）："没有丈夫的妇女和童女，所挂虑的是主的事，一心使身心圣洁；至于已出嫁的，所挂虑的是世俗的事，想怎样悦乐丈夫。"所以童贞不是罪的，而是值得赞美的。

　　对疑难一的解答：命令意味着义务（duty），义务有两种：一种是由个人去完成的，这样的义务如果不履行就是有罪的；第二种是由群众（multitude）去完成的，这种义务并非对群众中的每一个人都有拘束力。因为群众有很多义务（obligation）要完成，这些义务不可能全部由一个个体来履行（discharge），而是这个人完成这一个，那个人完成另一个。相应地，自然法关于人应当进食的命令是每一个人都应当履行的，否则就不能保存自身；但是关于生殖的命令，则是对作为人类的全体群众的，它不仅要求身体（数量）的增长，还有精神的进步。因此，有一部分人从事肉体的生育，就足以实现人类的增长，另一部分人为了整个人类的美和福利，放弃此事以致力（betake）于对神进行沉思。正如在军队中，有人站岗放哨，有人执掌旗帜，有人用剑战斗，所有这些对于整体来说都是必要的，但却不是一个人可以完成的。

　　在这里，我们可以看到，阿奎那不仅重复了个体和人类整体所负担义务的不同，而且将其与自然法前两条规则直接联系起来，正如前文所指出的，阿奎那的论敌所引用的观点也是他所同意的观点，即自我保存是为了个体的善，男女结合生育后代是为了种类的善，阿奎那只是用区分的方式化解这一疑难而已，他并未反驳而且从前面所引的材料可以看出他也接受这样的解释。但是这里他引用亚里士多德关于三种善的区分来阐释了第三条规则的优先性，即利用亚里士多德为沉思生活的辩护为基督教的禁欲生活作了辩护。他不仅从婚姻生活的目的方面进行了辩护，即婚姻是了繁衍后代防止种族灭绝，所以无须每个人都这样做，还从善的等级方面为对神的沉思（Divine contemplation）进行了辩护，即为了对神进行沉思而放弃躯体的快乐是符合正当理性的要求的。认识上帝跟"趋善避恶"的原则究竟有什么联系，阿奎那其实作了相当细致的说明，而且是以他最擅长的继承和改造亚里士多德的方式。所以在论述沉思生活的优先性的时候，他使用了亚里士多德的术语，真正的权威却是圣经中保罗的见证和基督耶稣的教导。

这一条的质疑中将自然法前两条规则分别对应一条上帝的圣言，即第一条命令保存自己对应"乐园中各树上的果子，你都可吃。"（《创世纪》2：16），第二条命令男女结合养育后代是为了种类保存，对应"你们要生育繁殖，充满大地"（《创世纪》1：28），第三条命令认识上帝对应的圣言托马斯·阿奎那并未论及，笔者不揣鄙陋，以为可与对应的是耶稣在福音书中的教导"认识真理，而真理必会使你们自由"（《约翰福音》8：32）。

不仅如此，如果我们注意到阿奎那继承了亚里士多德的灵魂思想，或许可以对为什么阿奎那将自然法分为三条规则以及这三条规则之间的关系有更深入的认识。阿奎那将自然法的基本原则总结为"行善避恶"，又归纳为三条：一是保存自己；二是男女结合生殖后代；三是认识上帝。按照阿奎那本人的说法，第一条是"和其它实体的本性要求是相同的"，第二条是"与其它动物共通的本性"，属于"自然教给所有动物的"，阿奎那在此引用的是乌尔比安的说法，即"自然法是自然教授给所有动物的法律"（Ius naturale, quod natura omnia animalia docuit），乌尔比安的原文是"事实上，这一法律不是人类专有的，而是所有诞生在天空、陆地或海洋的动物的。由它产生了我们叫作婚姻的男女的结合，由它产生了生殖和养育子女。的确，我看到其他动物也被评价为这种法的内行。"[387]第三条才是人"特有的本性"[388]。关于人的灵魂，他追随亚里士多德，分为植物（营养）、动物（感觉）和理性三个部分，但正如他所说，人并非由一个形式（植物灵魂）成为活物（living），由另一形式（感

---

387 [古罗马]优士丁尼（徐国栋译）.法学阶梯[M].北京：中国政法大学出版社，1999：11.
388 Summa Theologica,I-II,q94,2.

觉灵魂）成为动物（animal），再由另一形式（理智灵魂）成为人，而是人只有一个灵魂，即营养灵魂（nutritive soul）、感觉灵魂（sensitive soul）和理智灵魂（intellectual soul）在人身中是一个灵魂。按照他所继承的亚里士多德的灵魂观，理智灵魂包含所有属于野兽的感觉灵魂的功能和所有属于植物的营养灵魂的功能，如同五边形（pentagon）包含且超过（exceed）四边形（tetragon）。所以人只有一个灵魂，即理智灵魂，但是理智灵魂包含了营养灵魂和感觉灵魂的所有功能。[389]而自然法的三条规则分别对应的是所有实体皆具有的、所有动物皆具有的和人所特有的本性。这与营养灵魂、感觉灵魂和理智灵魂之间存在着一一对应的关系。

我认为，在阿奎那关于理智灵魂的三种功能与自然法的三条基本规则之间存在的这种对应关系，并非偶然，而是有其内在的逻辑。众所周知，阿奎那的主要贡献在于将亚里士多德的思想融入了基督神学体系，从而化解了当时因亚里士多德思想发现给教会神学带来的挑战，他也因此获得官方的认可，成为教宗的顾问，身后又被授予天使博士的荣誉。在阿奎那的著作中，有两个人是不需要直接引用其名且各有专门称谓的，"哲学家"指的就是亚里士多德，"使徒"指的就是保罗。由此可见亚里士多德的思想在其心中的分量。然而他毕竟是一个虔诚的基督徒，尽管他著述等身，被尊为罗马教廷的官方哲学家，他最在意的还是认识上帝这样的至福，俗世的荣耀对他而言只是过眼云烟，这一点从他青年时期矢志做一个修士而不愿意遵从父亲的安排去做修道院院长可以看出。他所撰写的《神学大全》、《反异教徒大全》都是为了更好地传播福音，虽然他采纳了亚里士多德这位异教徒思想家的术语、逻辑和思想体系，但他并非亚里士多德的忠实信徒，相反，他是使徒保罗的传人，说异邦人的语言是为了更好地传播福音，使用异教徒的哲学思想也是为了更好地捍卫神启示的真理。这在他注释亚里士多德著作时大胆地按照基督教义进行修正不难看出。如同朱熹出入佛老，最终是为了捍卫儒家正统，虽然出入佛老之后，使用的语言及其思维模式已受到佛老的熏染，但骨子里仍然是道学先生，目的依然是为往圣继绝学，为万世开太平。托马斯·阿奎那之于亚里士多德思想也是如此。

阿奎那注释过亚里士多德的《论灵魂》，对这种灵魂的三分法可说是了然于胸，在对灵魂的划分上可以说是萧规曹随，亦步亦趋，但是在论及理性灵

---

389 Ibid,I,q76,3.

魂时则偷偷加上了认识上帝这一项。因为亚里士多德毕竟是公元前的哲学家，他的沉思生活只是观想作为第一推动者的神，而非创造宇宙万有的上帝，但从思路上看，也庶几近之，只需再往前跨越一步，就可以旧瓶装新酒，甚至将水变成酒了。

阿奎那的上帝是创造宇宙万物的神，论证第一推动者或不动的推动者的存在只是运用理性去认识上帝存在的五条途径之一。如果只是旧瓶装新酒，只需将亚里士多德的不动的推动者置换为作为创造者和审判者的上帝就大功告成。然而任务并非如此简单，正如福音书中所说，婚姻是耶稣所行的第一个神迹，将水变成了酒（《约翰福音》2：1-12）。亚里士多德思想与基督神学教义的结合也产生了这样的效果。亚里士多德的自然并非一个人格的概念，它只是不做无用功，但并不用对万物的去向负责到底，倘若万物没有实现自己的目的，也是自己的问题，不能怪罪自然。阿奎那的上帝则是创造一切的上帝，还是掌控一切的上帝，也是万物归向的上帝。所以不仅对一切负责，还要负责到底。无论这些被造物是否实现了自己的目的，都要给出解释。因为一切皆出于上帝，被造由于上帝，其归宿或目的也由上帝设计，如果不能实现为其设定的目的，还得追问究竟是自己的问题，还是上帝设计的问题。上帝乃是至善，众善皆因分有至善而获得自身的存在，若有善未能实现，就要辨清是自身的问题还是至善的问题。作为教会神学家，阿奎那在此问题上用力颇多。同样，人由上帝所造，人的灵魂的属性亦是上帝设定，故而认识上帝的能力并非人自身决定，而是上帝赋予。一切出于上帝，一切归于上帝，上帝在按自己的形象造人之时，已经赋予了他们认识上帝的能力，这也是人所能实现的最高的善，故而，傅乐安先生所不解的认识上帝与"行善避恶"原则之间的关系就不难解释，保存自身与生殖后代相对于认识上帝而言，可以说是较小的善或较低级的善，因为无论保存自己或生殖后代，都是上帝所设计并赋予的本能，但这本能与植物、动物并无区别，人之所以被赋予掌管地上一切的任务，就因为上帝赋予其理性，使其可以认识上帝，这是人之为人的最高的善，也是人生最终的目的。

而托马斯·阿奎那所说的自然法，则是理性所能认识到的永恒法，也即人凭借上帝所赋予的理性对上帝的神圣智慧的有限了解，是对上帝关于人的自然/本性的规定的认识，所以我们可以看到自然法的三条规则与灵魂的三种功能正相对应，按照托马斯·阿奎那所继承的灵魂观，对灵魂的认识，就是对人的本性的认识。正如段德智先生指出，在古希腊哲学中存在的与其说是"人本"思想，毋宁说是"魂本思想"，因为在大多数古希腊哲学家看来，人本质上只不过是一个灵魂而已。苏格拉底所谓的"认识你自己"归根到底是"留心自己的灵魂"。[390]综上所述，在托马斯·阿奎那的神哲学法律思想体系中，灵魂观与自然（本性）法之间的对应关系不是偶然的，而是有其内在关联的。

　　阿奎那的自然法与灵魂之间的对应关系，尤其表现在第三条所涉及的认识上帝和过社会生活，正是阿奎那综合基督教神学与亚里士多德伦理思想的结果，按照亚里士多德，人的灵魂有三种功能，营养、感觉和理智，前两种分别对应植物灵魂和动物灵魂的功能，唯有理智是人的灵魂所独有的。按照亚里士多德，善就在于实现自己的目的，人的善就在于实现人之为人，故而最高的生活是沉思的生活，也就是运用人的理智的生活，而作为基督教神学家的托马斯·阿奎那将自然法纳入永恒法的计划之中，人的灵魂在受造之时便已被烙上了认识上帝的目的，这既符合上帝的永恒法，也是人所认识到的自然法所颁布的命令，因为上帝乃是一切被造物的目的。并且因为前两条保存自己和生殖后代分别对应于植物和动物，第三条才是人作为有理性的被造物的独特之处，故而第三条命令才是最重要的命令，是实现人之为人的本质的关键所在。我们可以用阿奎那本人的论述来证明这一点。

　　在讨论永久禁欲（perpetua continenza）的问题时，阿奎那引用了使徒的话，"我们既有这些恩许，就当洁净自己，除去肉体和心灵上的一切玷污，以敬畏天主之情来成就圣德。"（《科林多后书》7：1）而肉体和精神的洁净必须以禁欲来保障，因为使徒说："没有丈夫的妇女和童女，所挂虑的是主的事，一心使身心圣洁；至于已出嫁的，所挂虑的是世俗的事，想怎样悦乐丈夫。"（《科林多前书》7：34）阿奎那说，宗教生活要求去除一切阻挠人全部献身于服侍上帝的障碍，而性的结合在两个方面阻碍了人的全身心投入。一是对（它所带来的）强烈的愉悦（vehement delectation）的反复享受会增长淫欲（concupiscence），如哲学家在《尼各马可伦理学》第三卷第 12 章所说，因此性欲的作用会妨碍灵魂完全地朝向上帝。奥古斯丁也说，没有比女人的爱抚和婚姻中肉体的结合更能削弱（espungare）男子的灵魂。二是男子为了管理妻子和孩子以及维系家庭所必需的世间之物要花费精力。所以使徒说："没有

390　见刘素民.托马斯·阿奎那自然法思想研究[M].北京：人民出版社，2007：16-17（序言一）。

妻子的，所挂虑的是主的事，想怎样悦乐主；娶了妻子的，所挂虑的是世俗的事，想怎样悦乐妻子。"(《科林多前书》7：32，33）因此永久的禁欲跟自愿的贫穷都是宗教生活的完善所必需的。[391]而亚里士多德只是说对欲望的追求如果过于强烈会妨碍人的理智能力，因此对快乐的追求要受理性的节制，并没有严格到永久禁欲和自愿贫穷的地步。[392]

由此可见，在阿奎那的思想中，跟认识上帝相比，作为自然法的第二条的男女结合是可以放弃和牺牲的，或者说因为它是级别较低的善，在遇到级别较高的善时舍低就高是正当的，符合自然理性的要求的，这是亚里士多德和柏拉图都赞同的，理智应当统治欲望而不是相反。

正因为阿奎那是要将亚里士多德思想融入基督教哲学，用托马斯主义的术语说，是以基督神学成全亚里士多德思想，所以就不能对亚里士多德的思想进行外在的割裂乃至摧毁，只能在继承因袭的外表之下，进行偷梁换柱的改造。吴恩裕先生指出，亚里士多德的很多说法本来是和基督教义相抵触的，但是阿奎那却用宗教的教义来解释亚里士多德的说法，例如他追随亚里士多德，说人是社会和政治的动物，接着说上帝是人和人性的创造者，社会和国家既然是由于人性的需要，那么上帝才是政治权威的究极创主。世俗的国家起源论就这样地予以神学化了。[393]实际上，亚里士多德的说法是人天生是政治的动物，"人类自然是趋向于城邦生活的动物（人类在本性上，也正是一个政治动物）"[394]，并没有人是社会的动物的说法。有学者指出，阿奎那对亚里士多德这一观点进行了不动声色的改造，在他的论君主统治（On Kingship）中，阿奎那同意亚里士多德关于人不只是动物，而是理性动物的观点，要以理性的方式在生活中实现卓越。这样的生活只有与其他理性动物交往中才成为可能。人们聚集在一起，是为了获得好的生活，这样的生活在人人孤立隔绝的状态下是不可能的。这种交往在亚里士多德看来即是政治共同体，它的益处源于人类社会，但社会并不必然使人成为政治动物。而阿奎那在此作了自己的解释，人类需要组成社会，但组成社会的成员们追求各自的善，这样

---

391 Summa Theologica,II-II,q186,4.

392 [古希腊]亚里士多德(苗力田译).尼各马可伦理学[M].北京:人民大学出版社,2003: 67.

393 [意大利]托马斯·阿奎那（马清槐译）.阿奎那政治著作选[M]北京：商务印书馆 2009：8（序言）.

394 [古希腊]亚里士多德（吴寿彭译）.政治学[M].北京：商务印书馆，1965：7.

社会就会解体，除非有一个共同的强力指导这个社会追求共同的善，这强力和它所创造的共同秩序，即是政治领域。这样阿奎那就把亚里士多德的"人天生是政治的动物"的思想改造成他自己的"人是社会的政治的动物"，社会的是第一位的，政治的则是它的直接后果。[395]

灵魂观与自然法之间的对应关系，也体现了这一点。亚里士多德的灵魂观是在对前人的批判基础之上提出来的，是其伦理观的重要根基，他头一个提出不仅要考察人的灵魂，也要研究诸如马、天体等的灵魂，通过与植物、动物的比较，他确立了人之为人就在于人除了生长生殖之外，还有理性的能力，而自然决不会造就无用之物，所以人之为人就在于拥有理性，人要追求自己的目的，实现自己的潜能——这目的和潜能都是自然赋予的——就应当运用自己的理性，他进而得出结论，最高的生活就是沉思的生活，也就是纯粹地运用自己的思辨理性的生活。在思辨理性与实践理性之间，之所以前者高于后者，在于前者无须外求，依其自身就值得追求，就可以实现，而后者则依赖于种种外在的条件和境遇。亚里士多德说，思辨生活是"一种高于人的生活，我们不是作为人而过这种生活，而是作为在我们之中的神……合于理智的生活相对于人的生活来说就是神的生活"[396]

按照这种理论，自然之所以给予人理性，就是为了让人运用它，那些不能发展和运用自己理性的人，就和动物没有区别，他们之沦为奴隶也是合乎自然的。亚里士多德说，有的人生来就具有理性，有的则生来就适合做奴隶，主人与奴隶关系之合法性正如灵魂之于身体，灵魂统治身体是正当的，但并不总是这样，也有些人的灵魂会为身体统治，后者就是堕落的，这样的人就未能实现人之为人的本质，可以说他外表虽与他人无异，但把他当作动物对待也是正当的。按照亚里士多德的看法，自然并非赋予所有人以理性能力，比如野蛮人就因其不具备理性，故而是奴隶的天生材料。"所有的动物都有灵魂，而作为审慎的理智并不是所有动物都具有的，甚至并非所有人类都具有的。"[397]人与人之间的不平等是符合自然的，或者说，是自然正当的。在回答

395 A.S.Mcgrade.The Cambridge Companion to Medieval Philosophy[M]Cambridge：Cambridge University Press,2003：282.

396 [古希腊]亚里士多德(苗力田译).尼各马科伦理学[M].北京:人民大学出版社,2003：225.

397 Thomas Aquinas.A Commentary on Aristotle's De anima[M]translated by Robert Pasnau,New Haven：Yale University Press,1999：27-28.

奴役别人是否违反自然的问题时，他一再申述了这一观点。对于奴隶制，阿奎那也不认为是违反自然法的，但是却不是出于这样的理由，"财产所有权和奴隶制并非自然生成的，而是人类理性为了人类生活的利益之故而发明设计的。在这个意义上，自然法并未改变，只是增加而已。"[398]之所以阿奎那不能继承亚里士多德的理由，因为上帝是按照自己的形象造人的（《创世纪》1：27），虽然阿奎那没有得出一切人被造得平等的结论，但是却不能说有些人有理智，有些人没有理智，因为这理智是从上帝的创造来的，自然法也是上帝烙印在人心之上的，所以他只能说因为恶习等等障碍，有些人的理智不能控制欲望和理性，虽然他在奴隶制对受奴役者有益这一点上跟亚里士多德是一致的，但是对于亚里士多德出于希腊人的优越感所说的话（并非所有人类都有理智）他却不能继承，因为圣经的权威要高于哲学家的说法。

第二节　命与性：永恒法与自然法

有学者指出，阿奎那的自然法思想是其神哲学思想的一个特别重要的环节。阿奎那的自然法所涉及的内容并非如一些人误解的那样，是一种关乎自然万物的东西，它其实是一种关于人的本性的学说，是阿奎那的人性论。不仅如此，阿奎那的自然法思想是联贯阿奎那神哲学体系的一个重要链条。所谓"非人学，天学无先资；非天学，人学无归宿。必也两学先后联贯，乃为有成也。"[399]阿奎那的自然法上联"永恒法"，下贯"人法"，从而在阿奎那的神哲学体系中扮演了连贯神与人、神学与人学、形而上与形而下的枢纽角色。从这个角度而言，有学者指出，"一个人如果不了解阿奎那的自然法思想，就很难对他的神哲学体系有一个深层次的通盘理解与把握。"[400]

我非常赞同这段分析，个人以为，阿奎那神哲学体系中永恒法与自然法的关系，可类比中国哲学中性与命的关系，阿奎那的永恒法与自然法的关系如果用中国哲学的话来表述，即在天为命，在人为性；天赋曰命，人受曰性，

---

398 Summa Theologica,I-II,q94,5.

399 [意大利]托马斯·阿奎那(利类思译).超性学要[M].上海:上海土山湾印书馆,1930：3. 转引自刘素民.托马斯·阿奎那自然法思想研究[M].北京:人民出版社,2007：29（序言一）。

400 段德智教授语,见刘素民.托马斯·阿奎那自然法思想研究[M].北京:人民出版社,2007：29（序言一）。

性命一也。或许有人疑问这样的类比是否恰当，甚至是否有意义，不妨引用傅斯年先生的一段话予以回答，"春秋时有天道、人道之词，汉儒有天人之学，宋儒有性命之论。命自天降，而受之者人，性自天降，而赋之者人，故先秦之性命说即当时之天人论。至于汉儒天人之学，宋儒性命之论，其哲思有异同，其名号不一致，然其问题之对象，即所谓天人关系者，则非二事也。"[401] 阿奎那之永恒法与自然法，也是在厘清这天人关系上下功夫。有专门研究阿奎那的学者曾指出，"永恒法、自然法、人法三层次的相连相通，似乎就如儒家《中庸》的'天命之谓性，率性之谓道，修道之谓教'所表现出的上下双回向的相辅相成，一脉贯通。"[402]

关于自然法作本性之解早有学者提出，不过窃以为由于西文中译本来颇多问题，严复先生在翻译《法意》(《论法的精神》) 时即指出"西文'法'字，于中文有理、礼、法、制四者之异义"；"西文所谓法者，实兼中国之礼典"[403]，将自然法理解为本性之律，当从西文字源求其凭据，从中文"自然"入手进行文字考据，说"自然"始自《道德经》，再根据《说文解字》考据"自"和"然"分别何义，似乎并无必要。[404] 重要的是弄清楚西文中"自然"的究竟含义。然而即便同在西方语言的语境之中，同一单词，意义变迁之剧烈有时也超乎我们的想象。学者指出"当我们念到'依自然，人是政治动物 (man is by nature a political animal)'与'依自然，人是平等与自由的'(men are by nature equal and free) 这类句子时，绝不可以不知道此间的'自然'一词含义有所不同。"[405] 追根溯源，"自然"(nature) 这个词乃是造成一切含混的原因。治思想史的学者曾感慨，"未能清楚分辨其不同含义，乃是自然法学说中一切暧昧含混之由来。"[406]

要厘清"自然"的含义，不能不回到古希腊，因为当代语言中自然的含义已发生了巨大的变化，治思想史者不可不察。自然一词有多种意义。但是

401 傅斯年.性命古训辩证[M].桂林：广西师范大学出版社，2006：67.

402 刘素民.托马斯·阿奎那自然法思想研究[M].北京：人民出版社，2007：106.

403 [法]孟德斯鸠（严复译）.法意[M].北京：商务印书馆，1981：3,7.转引自苏力.制度是如何形成的（增订版）[M].北京：北京大学出版社，2007：142.

404 刘素民.托马斯·阿奎那自然法思想研究[M].北京：人民出版社，2007：225-226.

405 [意大利]登特列夫（李日章等译）.自然法：法律哲学导论[M].北京：新星出版社，2008：49.

406 同上，2.

如果我们取其语源学意义上的、也是最有哲学意义的那种，自然就意味着诞生或发生的原则，带给万象光明的宇宙之母、伟大造物或者造物体系。[407]学者指出，当爱奥尼亚的思想家们讨论"什么是自然"时，这个问题意味着"事物是由什么组成的"，而在现代人的语境中，这个问题则意味着"自然界中存在着什么样的事物"。因为在现代欧洲语言中，"自然"通常是在集合的意义上使用，即自然事物的总和，另一个或许更接近它的原义的含义是指一种原则（principium）或本源（souce）。比如说，白蜡树的本性（nature）是柔韧，橡树的本性是坚韧，一个人的本性可能是好斗或多愁善感，狗喜欢叫，因为这是它的本性。在这些例子中，"Nature"指的是属于它的所有者的特有的标志性的东西，这些特征的本源是蕴含于其自身之中的某种东西。如果这些特征的根源在其自身之外，就不能被称为本性的，而是被迫的，或是偶性的。柯林伍德曾举过一个例子，"如果一个人走得快是因为他强壮、有力量和决心坚定，我们就说走得快是他的本性；如果他走得快是因为一条大狗用一根皮带拉着他往前跑，我们就说他走得快不是由于本性而是被迫的。"[408]

Φυσις（自然或本性）一词在古希腊时的含义与英文中这两种含义是对应的。在关于古希腊文献的古老记载中，φυσιε 总带有 Nature 一词的原始含义，即某种东西在一物之内或非常密切地属于它，从而成为其行为的根源，这是在早期希腊作者心目中的唯一含义，并且是贯穿希腊文献史的标准含义。而作为自然事物的集合或总和的概念则出现得较晚，且非常少见，或多或少地与宇宙 κοσμος 或世界同义。在爱奥尼亚的哲学家那里，φυσις 从未在第二种意义上使用过，总是在其原初的意义上使用。对他们来说，"自然"从来没有意味着我们所熟知的自然界或组成自然界的诸事物，而总是指本质上属于这些事物的、使得它们像它们所表现的那样行为的东西，也就是本性。[409] 这个词在希腊文献中所具有的其他含义，都可以还原到这一含义或解释为从这一含义派生而来。

亚里士多德与爱奥尼亚学派以及柏拉图一样，把自然界看作一个自我运动的事物的世界，是一个活的有生命的世界。自然本身是过程、生长和变化，

---

407 [美]乔治·桑塔亚那（华明译）.诗与哲学：三位哲学诗人卢克莱修、但丁及歌德[M].桂林：广西师范大学出版社，2002：35.

408 [英]柯林伍德.自然的观念[M].北京：华夏出版社，1999：48.

409 同上，47-49.

这个过程是一种发展，即变化是按照 α、β、γ……这样顺序相继发生的，在这一过程中，每个在前者是其后继者的潜能（potentiality）。在亚里士多德看来，展现在自然界中的变化和结构的种类构成了一个永恒的仓库，仓库中的东西按逻辑关系而不是按时间顺序相互联系。在《形而上学》中，亚里士多德作了详尽的考察。

亚里士多德研究哲学时承认一个单词有不同的含义，从不犯那种认为一个词只有一种意思的低级错误，并且他认为一个词并不因为有一个以上的含义就含义模糊，相反，同一个词的不同含义之间往往彼此联系，在这些不同的含义之间有一个是最基本的，其它的含义或多或少都没有把握住这个最深刻的意思，因而是近似的含义。[410] 关于 φυσις 他区分了七种含义：

（1）生长的东西的生成，他说，"把 υ 读作长音，'自然'就意为'生长'了"。[411] 柯林伍德则称之为起源或诞生。并引用戴维·罗斯爵士的研究成果指出， υ 实际上是短音。在希腊文献中，这个词从来不曾有这种意思，所以罗斯猜测这种含义是由公元前四世纪错误的词源研究通过推测强加在这个词上的。[412]

（2）事物所由生长的东西，即它们的种子。亚里士多德的原话是："它内在于事物，生长着的东西最初由之生长，此外，它作为自身内在于每一自然存在物中，最初的运动首先由之开始。那些通过他物的附着和增生而增加的东西，例如胚胎，也被称为生长。"[413] 柯林伍德说这种含义在希腊文里无处可寻，从而认为这种含义是作为联系第一和第三种含义的环节而出现的。[414]

（3）自然物体中运动或变化的源泉。当我们说石头凭其本性要落地，火凭其本性要着起来时，就是这一含义。柯林伍德指出，在希腊人的观念中，一个自然物是自我运动的，它符合一般的专门希腊语的用法。[415]

---

410 同上，86.

411 [古希腊]亚里士多德（苗力田译）.形而上学[M].北京：中国人民大学出版社，2003：88.

412 [英]柯林伍德.自然的观念[M].北京：华夏出版社，1999：86.

413 [古希腊]亚里士多德（苗力田译）.形而上学[M].北京：中国人民大学出版社，2003：89.

414 [英]柯林伍德.自然的观念[M].北京：华夏出版社，1999：86.

415 同上.

（4）构成事物的基质（Primitive matter）。亚里士多德说："某种自然存在由之最初开始存在和生成的东西也被称为自然，在其自身潜能方面既无形状也无变化，例如雕像和铜器的铜就被称为自然，木器的木料以及诸如此类的东西，每一事物都由它们构成，原始质料都持续不变。也就是在这种意义下，人们把自然存在的元素叫做自然。有的人说是火，有的人说是土，有的人说是气，有的人说是水，以及诸如此类的东西。有的人说是其中一些，有的人则说是它们全部。"[416]这种含义为爱奥尼亚学派所强调。伯内特认为它是早期希腊哲学中这个词所具有的唯一含义。柯林伍德则进一步指出，说自然在公元前六世纪一直指事物的本质（essence）或本性，这种说法会更真实些。然而爱奥尼亚学派着眼于哲学而不是词源学，力图把事物的本质或本性解释成它们由以构成的材料。[417]

（5）自然事物的本质或形式。这是我们见到的公元前五世纪的作者既在哲学中又在一般希腊语中实际使用的意思。但是这个定义不完善，因为它是循环定义。把本性定义为自然事物的本质，这就留下"自然事物"未加定义。

（6）一般的本质或形式。例如柏拉图说善的自然，那么善（good）就不是一种自然事物，这里循环定义被消除了。但在亚里士多德看来，这个词用得太不严密了，于是他着手再次把它的意义范围缩小。他通过把"自然事物"定义为"自身具有运动源泉的事物"，从而克服了循环定义。

（7）自身具有运动源泉的事物的本质。亚里士多德说："自然的原始和首要的意义是，在其自身之内有这样一种运动本原的事物的实体，质料由于能够接受这种东西而被称为自然，生成和生长由于其运动发轫于此而被称为自然。自然存在的运动的本原就是自然，它以某种方式内在于事物，或者是潜在的，或者是现实的。"[418] 柯林伍德指出，亚里士多德自己就是这样使用这个词的，这种含义准确地与通常希腊语的用法相符，当一个希腊作者比较 φυσις 与 τεχνη（即人类的技能怎样处理它们，它们就是怎样的事物）或者 φυσις 与 βια（即受外界干预时事物怎样行为就怎样表现的状况）时，意味着事物在

---

416 [古希腊]亚里士多德（苗力田译）.形而上学[M].北京：中国人民大学出版社，2003：89.

417 [英]柯林伍德.自然的观念[M].北京：华夏出版社，1999：87.

418 [古希腊]亚里士多德（苗力田译）.形而上学[M].北京：中国人民大学出版社，2003：90.

其自身的权利中具有生长、组织和运动的天性（principle），这就是他所说的它们的本性（nature）的意思。当他称事物为自然的（natural）时候，他的意思是它们之中具有这样一种天性。[419]

按照亚里士多德的看法，自然与本性可以说是一回事，一物若是按其本性活动便是自然的。正如柯林伍德所说，自然在其本来意义上是一个相对性的概念，一个事物的自然（Nature）就是使它像它所表现的那样行为的东西。面对"什么是那使它像它所表现的那样行为的东西"这样的问题时，回答说"它的本性"实际上并没有解决任何问题，因为说"它的本性使它像它所表现的那样行为"这完全是同义反复，没有给出任何信息。[420]亚里士多德被有的学者称为"自然法之父"，[421]其实他从未用过自然法这个术语，但在讨论社会制度和人生目的时，却一直以是否合乎自然为标准，在他看来，合乎自然的制度才是正当的制度，这与自然法学家的思路如出一辙，差异只在于他们对于自然的理解。如果在这个意义上，称他为自然法之父并无不妥。

傅斯年先生曾感叹，思想之受制于语言，以梵语、古希腊语和德语为甚。[422]拉丁文中的自然（Natura）亦有本性之意，受其影响的欧洲近代语言无不如此。柯林伍德认为，φυσιs（自然）在希腊语中原初和准确的含义和 Nature在英文中原初和准确的含义是一致的，他相信这个英文词汇是希腊文最准确的拉丁译文。他举例说，一颗子弹因为其尾部的火药爆炸而飞动着穿过空气，不能说是"因其本性"，因为动力不是来自子弹自身，而是来自外部，故而子弹的飞行并非出自子弹的本性而是在外力强迫之下的行为。但是如果子弹在飞行中穿透了一块木板，穿透的原因是因为它的重量，较轻的投射物即使以相同速度也可能无法穿透木板，所以它的穿透力就其是子弹自身重量的功能而言，则属于它的"本性"，在这个意义上，穿透木板是子弹的本性行为。[423]爱奥尼亚学派就是在这样的意义上理解和使用"自然"一词的，直到今天，在欧洲的语言中依然这样使用，但是在汉语中我们并不这样使用"自然"一

419 [英]柯林伍德.自然的观念[M].北京：华夏出版社，1999：87.

420 同上，51.

421 [德]海因里希·罗门（姚中秋译）.自然法的观念史和哲学[M].上海：上海三联书店出版社，2007：14.

422 傅斯年.性命古训辩证[M].桂林：广西师范大学出版社，2006：2.

423 [英]柯林伍德.自然的观念[M].北京：华夏出版社，1999：49-50.

词，由于词语的多义在跨文化的翻译中无法找到完全对应的词，"自然法"的本来面目就在翻译的流失中显得朦胧模糊。玄奘法师曾立下多义不翻的规定，值得我们深思。

研究思想史的学者指出，"除了名称相同之外，中世纪的自然法观念与近代的自然法观念，几无共同之处。"[424]中世纪所说的自然法（lex naturalis）不是关于自然界的一般规律，它特指关于人的本性的规律。[425]它涵盖了发自本性的一切行为，从自我保存到繁育后代，从追求幸福到服从良心，都是依照自然法的行为。人并不需要先用理智来认识自然法，然后再按自然法行事；相反，依照自然本性行事就是遵从自然法。因此，自然法管辖的是意欲活动、实践行为，而不是理智的思辨活动。自然法是自明的原则，它以自然的方式铭刻在人的意志之中。当意志行使自由选择的自然能力时，它总是自觉或不自觉地按照自然法的规定进行选择，因此意志具有向善的倾向。对我们来说，最重要的是确定阿奎那在何种意义上使用自然。自然的英文是 nature，又可译为本性，在阿奎那的哲学中，自然（本性）与形式 form、本质 essence 是大致相等的概念。形式是使一事物成为该事物的结构或组织，它与质料一同构成一个特定的事物。事物的本质是表达该事物的基本特征的一系列属性或倾向性。事物的本性就是该事物的形式或本质，它被视为事物根本属性和行为的源泉。本性就是使该事物成为该事物的一些本质属性，这些属性是独立于我们的知识和兴趣而独立存在的东西。正是形式、本质或自然使一事物与其他事物区别开来。

就人而言，人之所以区别于其他生物，在于人具有人之为人的本质，其本质属性就是理性，阿奎那说，人的自然本性可以从两个方面来理解，第一，理智和意志是人性的主要组成部分，因为正是由于它们，人才成为一类。从这种观点看，人的理智体验到的愉悦可称为自然的，在另一种意义上，人的本性可以被理解为不同于理性的东西，即理解为他与其他存在物共同拥有的东西，尤其是不受理性支配的东西。这样，与保存肉体有关的东西，如饮食与睡眠，以及与类的保存相关的东西，如性行为，就可以说会给人带来自然的愉悦。[426] 由此可见，人的本性不仅指人的身体的需要和生命的维持，而且

---

424 [意大利]登特列夫（李日章等译）.自然法：法律哲学导论[M].北京：新星出版社，2008：5.

425 赵敦华.基督教哲学1500年[M].北京：人民出版社1994：406.

426 Summa Theologica I-II 31,7.

也指理智和意志，即对真理和美德的追求。前者可称为肉体本性，后者可称为精神的本性。对真理的寻求，是沉思生活、哲学和科学的源泉，正是这一追求的理智生活提供了继续探究的第一原则。同样，对美德的寻求实施上是形成我们意欲的行动的最深刻的理由，正是这一追求使我们朝向善，使我们在较小的善与较大的善之间作出抉择，因此它是道德的起源和原则。阿奎那说，自然倾向本身只是人行为的间接规则，还不是自然法本身。自然法是以规则形式对人的自然倾向的表述。[427]

拉丁文的自然（Natura）兼具自然与本性两义，都可从"生"得到解释，如同中文里的"生"之与"性"。"生之本义为表示出生之动词，而所生之本、所赋之质亦谓之生（后来以姓字书前者，以性字书后者）。物各有所生，故人有生，犬有生，牛有生，其生则一，其所以为生者则异。古初以为万物之生皆由于天，凡人与物生来之所赋，皆天生之也。故后人所谓性之一词，在昔仅表示一种具体动作所产之结果，孟、荀、吕子之言性，皆不脱生之本义。"[428] 万物皆有生，其生则一，即自然也。"令、命之本义为发号施令之动词，而所发之号、所出之令（或命）亦为令（或命）。凡在上位者皆可发号施令，故王令、天令在金文中语法无别也。殷世及周初人心中之天令（或天命）固'谆谆然命之'也，凡人之哲，吉凶，历年，皆天命之也（见《召诰》）。犹人富贵荣辱皆王命之也……天命一词既省作命，后来又加以前定及超于善恶之意，而亡其本为口语，此即后来孔子所言之命，墨子所非之命。"[429]

托马斯·阿奎那的自然法，如学者们所公认的，实际上讨论的是人性，而这人性来自于永恒法，用他的术语说，自然法是理性被造物对永恒法的参与。永恒法是上帝的神圣理性、计划，解释为天命可谓恰当。阿奎那的自然法与永恒法对应的就是自性与天命的关系。如果没有永恒法关于趋向至善的规定，或者说，如果上帝在造人时没有赋予人理性，使其有能力趋向神，托马斯·阿奎那的神哲学思想就无从建立，诚如利类思所归纳的，"非天学，人学无归宿"，在这个意义上与"天命之谓性"是相通的，性非人所能改变，只能为人所认识，是人的理性所能认识到的天命（永恒法）；然而，从认识的角度来说，如果人没有理性，就无法认识永恒法（天命），"非人学，天学无先

---

427 转引自林庆华.托马斯·阿奎那基督教自然法理论研究[D].上海：复旦大学，2002：36.

428 傅斯年.性命古训辩证[M].桂林：广西师范大学出版社，2006：66.

429 同上，66-67.

资"，只因为人性中本就具有这一能力，才能认识到自身的目的，也就是天之所命。故而可以说，在天（上帝）曰命（永恒法），在人曰性（自然法），二者实为一事[430]。

第三节　同源之水：自然法/正当与灵魂

段德智教授对于古希腊思想有一个精辟的见解：尽管有西方学者用"人本文化"来概括苏格拉底、柏拉图和亚里士多德的哲学，但是严格来说，在古希腊哲学中存在的与其说是"人本"思想，毋宁说是"魂本思想"，因为在大多数古希腊哲学家看来，人本质上只不过是一个灵魂而已。苏格拉底所谓的"认识你自己"归根到底是"留心自己的灵魂"。[431]柏拉图继承了俄耳甫斯教的身体是臭皮囊和毕达哥拉斯学派关于身体是灵魂的坟墓和监牢的看法，提出人生和哲学就是为死亡作准备，准备灵魂的回归。生活在现代社会的我们或许诧异为何这些伟大的哲学家竟然如此之迷信，如果我们联系当时希腊社会所处的阶段便可以明白，他们并非无病呻吟，而是面对现世之恶的唯一选择。"当柏拉图说人体是坟墓，哲学思考就是学习死亡时，他并不只是在随便地玩弄一些无聊的修辞比喻。从他的俄耳甫斯教和毕达哥拉斯派的源泉，我们能够看出柏拉图这个哲学推动力源于一种热忱的寻求，想要从世界的罪恶和时间的诅咒中解救出来。尼采不到一个世纪前几乎是第一个看了出来：希腊人并不是凭空产生出他们的悲剧的。希腊悲剧是从对人生苦难和邪恶的敏锐意识中产生出来的。"[432]对永恒的至善的追求是与对多变而丑恶的当下的厌弃互相滋养的，对生活于其中的丑恶的世界越是失望，对美好的来世的期盼就越是热切。

在亚里士多德那里，身体虽然获得了一些正面价值，但是灵魂依旧高于身体，灵魂是形式因、动力因和目的因，灵魂统治身体是正当的，身体统治灵魂则是堕落的，灵魂使用身体如同水手使用船。按照亚里士多德的灵魂观来解释人本主义更为贴切，因为亚里士多德关于灵魂的定义就是"潜在地具

---

430 Summa Theologica,I-II,q91,2.

431 刘素民.托马斯·阿奎那自然法思想研究[M].北京：人民出版社，2007：16-17（序言一）.

432 [美]威廉·巴雷特（段德智译）.非理性的人[M].上海：上海译文出版社，2007：76-77.

有生命的自然躯体的头等现实性。"[433] 灵魂是有生命的躯体是其所是的本质，按照亚里士多德的定义，理性灵魂是人的形式，也即人的规定性。

　　吴恩裕先生在评论阿奎那的自然法思想时曾经指出，近代自然法的特点就是首先摆脱了自然法的神学解释，而予之以世俗的说明，其次用资产阶级作为模特儿，用它的思想、感情、愿望，形成了资产阶级的"人性论"，把它作为自然法的内容。凡是资产阶级的要求，便是"人性"的要求，如自由、平等、私有制等。[434]由以上的论断可以得出几点，一、自然法是一种人性论；二，近代以前的自然法是用神学语言解释的；三、近代自然法摆脱了神学的解释。对于第一点和第二点，我是赞同的。自然法究其实质是一种人性论，托马斯·阿奎那的自然法思想的神学解释也是最为典型的，正如凯利·J.奈德曼教授指出的，托马斯主义的基督教神学的公式是"natura, id est Deus"（自然即神），神作为全部自然的创造者赋予人类以其自身的目的，这一目的可以同时通过理性与启示得到确认。关于善的理性反思的对象就是自然法。[435]但是说资产阶级的近代自然法思想摆脱了神学解释，是需要小心分辨的。当我们说"依自然，人是平等与自由的（men are by nature equal and free）"时，这并非一种世俗的解释。美国的《独立宣言》中所说的"我们认为下面这些真理是不言而喻的：人人生而平等，造物者赋予他们若干不可剥夺的权利，其中包括生命权、自由权和追求幸福的权利。"[436]（ We hold these truths to be self-evident, that all men are created equal, that they are endowed by their Creator with certain unalienable rights, that among these are life, liberty, and the pursuit of happiness）常常为以往的中译本所忽略的"人人生而平等"应该被准确地译为"被造得平等"，已经表明这是一份用神学语言而非世俗逻辑起草的宣言。[437]在它的开头，更是鲜明地将自然法与上帝放在一起，"当一个民族必须解除其

433　黄颂杰 章雪富.古希腊哲学[M].北京：人民出版社，2009：302.吴寿彭先生译为"灵魂盍是潜在地具有生命的一个自然物体的原始（基本）实现"，见[古希腊]亚里士多德（吴寿彭译）.灵魂论及其他[M]北京：商务印书馆，1999：86.

434　[意大利]托马斯·阿奎那（马清槐译）.阿奎那政治著作选[M]北京：商务印书馆 2009：13（序言）。

435　[意大利]登特列夫（李日章等译）.自然法：法律哲学导论[M].北京：新星出版社，2008：10-11（新版导言）.

436　外国法制史资料选编.[M].北京：北京大学出版社，1980：440-441.

437　参见任军峰.神佑美利坚——"公民宗教"在美国，现代政治与道德[M].上海：上海三联书店，2006：87-89.

和另一个民族之间的政治联系，并在世界各国之间依照自然法则和上帝的意旨，接受独立和平等的地位时，出于人类舆论的尊重，必须把他们不得不独立的原因予以宣布。"（it becomes necessary for one people to dissolve the political bands which have connected them with another, and to assume among the Powers of the earth, the separate and equal station to which the Laws of Nature and of Nature's God entitle them, a decent respect to the opinions of mankind requires that they should declare the causes which impel them to the separation.）当我们把 'all men are created equal' 译为"人人生而平等"时，倒是暗合了托马斯主义的公式"自然即神"，人的生命来源于上帝，自然法也来自于上帝，在天曰命，在人曰性，性命一也。这些权利的来源依然是上帝，不同的是，自然法依然是人的理性所认识到的永恒法，但是这一自然法的内容与以前相比有了重大的差异，认识上帝和过社会生活被有意省略了。

我们可以看看阿奎那对奴隶制的辩护，在讨论万民法和自然法是否一回事（Is the ius gentium the same as natural right）[438] 的时候，阿奎那不仅讨论自然法与万民法是否一回事，而且对自然正当阐述了自己的看法。

疑难一，看上去似乎万民法（ius gentium）和自然法（ius naturale）是一回事。因为除非那些自然具有之事，所有人不可能达成一致。万民法是所有人都同意的，因为乌尔比安说过，万民法是适用于所有民族的法。因此万民法就是自然法。疑难二，奴隶制在人们当中是自然的。哲学家（《政治学》第一卷第 2 章）说过对人而言奴隶制是合乎自然的。既然圣伊西多尔说，奴隶制是合乎万民法的。所以万民法即自然法。疑难三，我们已经区分了实在法和自然法，既然自然法不是实在法，因为所有民族从未因一致同意而宣布任何法律。所以万民法就是自然法。

与之相反，圣伊西多尔说法有三种：自然法、市民法和万民法。所以万民法不同于自然法。

阿奎那回答说，自然法或自然正义（just）就是于己于人都各得其分。要达到这一目标有两种方式，第一是完全地纯粹地就其自身而言，因此男性的出于本性与女性结合并生育子女和教育后代。其次就人与人的自然匹配而言，不仅仅是在绝对的或抽象的意义上，还要虑及后果。比如私有财产权，仅就自身而言找不到任何理由证明这块地应当属于这个人而不是另一个。但是如

---

438 Summa Theologica,II-II,q57,3.

果考虑适于耕作和避免冲突，如哲学家所说（《政治学第二章第 2 节》），应当由这个而非那个人来拥有。单纯地看待一个事情不仅人可以，动物也能做到。就第一种恰如其分即对人和动物都一样而言，可被称为自然法。在这种意义上，万民法不是自然法，因为如乌尔比安所说，后者是对所有动物都一样的，而前者则是人所共有的。然而将事情与其结果联系起来考虑是理性的要求，相应地发出指令对人的理性而言是自然的，因此盖尤斯说为所有人所遵守的自然理性的命令，即万民法。这足以回答疑难一。对疑难二的解答，仅就这一例子纯粹的本质（nature）而言，找不到为什么是这个人而不是那个人成为奴隶的理由，但是如果与实际的结果联系起来看，如亚里士多德（《政治学》第一章第 6 节）所说，让一个比奴隶更智慧的人来管理他对奴隶本人是有利的。奴隶制是万民法的一部分，在第二种意义上说是合乎自然法的。对疑难三的解答，因为涉及万民法的事务是由自然的理性一视同仁（bound up with equity）地作出决定的，所以它们不需要专门的立法，正如同一作者所言，自然理性足以提供这一切。多米尼克修会神父版和剑桥拉英对照版将这里的 ius naturale 译为自然权利/正当 natural right[439]，Paul 则译为 natural law。[440]个人以为按照伊西多尔的原文，此处应为自然法，因其与实证法和万民法并列。

　　古典自然法思想被认为是新教改革引起的改造欧洲的力量的副产品，虽然说它并未像某些人断言的那样，与中世纪的经院主义法学彻底决裂，但在某些方面它已经具有了与中世纪的经院自然法完全区别的特征。其中最突出的一点就是从自然法到自然权利的转变，博登海默说："中世纪以后的自然法在其所经历的缓慢的发展过程中，将其侧重点从理性法的客观基础是人的社会性转向强调这样一个原则，即人的'自然权利'、个别志向和幸福具有主导作用。中世纪以后的自然法的这种观点在美国得到了广泛的接受，因为这种观点带有强烈的个人主义倾向和要求的色彩。"[441]古典自然法的特点在于其对人的研究方式完成了从目的论到因果论和经验论的转变，无论是亚里士多德和托马斯·阿奎那的自然法理论还是霍布斯、洛克等人的古典自然法理论，

---

439 Summa Theologiae English & Latin （Volume 37 justice ）[M]Cambridge,New York：Cambridge University Press,2006：37.

440 Paul E.Sigmund.St.Thomas Aquinas on politics and ethics[M]London：W.W.Norton & Company Inc,1988：67-68.

441 [美]博登海默.法理学（邓正来等译）-法哲学及其方法[M]北京：华夏出版社，1987：35.

其根基都建立在对人的认识之上，区别在于，前者对人的认识是目的论的，人出于自然/本性是要趋向于完善自身的，只是种种干扰妨碍了他的目的的实现。而霍布斯、洛克等人对人的概念则是观察式的，研究的是关于人的行为的因果律。我认为这种对人的看法的根本差异，也是对人的灵魂的认识的差异，也就是托马斯·阿奎那所区分的灵魂的三种功能的等级问题。

霍布斯的自然法跟托马斯·阿奎那相似之处在于都有一个自然法的一般原则，从这个原则推导出具体的规则。其区别也正在于这自然法的第一原则，托马斯·阿奎那是"行善避恶"，托马斯·霍布斯则是寻求和平。可以说，霍布斯对阿奎那最大的改动就是，把阿奎那的自然法中最低等的自我保存提到了最高的位置，而把亚里士多德以及阿奎那视之为人之为人的理性降低到了从属的地位。正如人们常常把霍布斯与斯宾诺莎相提并论，他们的相似之处在于，都认为自然状态中，人受权力欲望和意志支配的程度要高于受理性支配的程度。按照斯宾诺莎的观点，在自然状态中，"每个个体就应竭力以保存自身，不顾一切，只有自己，这是自然的最高的律法与权利。"[442]霍布斯和斯宾诺莎所宣布的最高的自然权利实际上是从托马斯·阿奎那所列举的自然法的第一条即自我保存那里来的。因为自我保存乃是出于本性的要求，理性则成了自我保存的工具。寻求和平之所以成为第一原则，是为了有利于自我保存和更好的生活。阿奎那以及亚里士多德并没有否定自我保存的意义，但这是人和一切生物（植物和动物）的灵魂共有的功能，他们更强调人之为人在于运用理性，成就德性乃至认识上帝。而霍布斯在利维坦的开篇，实际上也是在讨论人的问题，他对人作了机械论的理解，否认了上帝永福，把城邦定位为保护和平和促进人类幸福的工具。可以说，一切自然权利皆肇端于斯，将亚里士多德和阿奎那认为人与动植物相同的灵魂功能推举到第一原则的高度，由这一自然法派生出自我保存的权利，从而构成了近代的自然正当。或者可以说，两位托马斯都承认行善避恶是第一原则，区别在于对善的理解存在差异，如果善只是保存自己，那么霍布斯是对的，如果善是一个等级序列，从保存自我一直到认识上帝，而且在后者要包含和高于在前者，那么阿奎那是对的。在霍布斯看来，阿奎那的政治哲学是幻想，在阿奎那看来，霍布斯的政治哲学是堕落。或许这一切都可以回到古希腊的那句箴言：认识你自己。换言之，人究竟拥有怎样的灵魂？人之为人究竟为何？

---

442 [荷兰]斯宾诺莎（温锡增译）.神学政治论[[M].北京：商务印书馆，1963：212。

霍布斯的名著《利维坦》的全名是"利维坦：教会和公民联邦的内容、形式和权力"（The Matter, Forme and Power of a Common Wealth Ecclesiasticall and Civil），别名是"国家的质料、形式和动力"[443]。"质料""形式""动力"，这是亚里士多德四因说中的三因，霍布斯所抛弃的正是"目的因"。他抛弃的不仅是国家的"目的因"，更是人的"目的因"，即托马斯·阿奎那所坚持人的自然法的第三条规则也是最重要的一条，朝向至善（上帝）被抛弃了，霍布斯在《利维坦》的开篇，首先反对的是亚里士多德关于理智与"可理解素"的说法，否认人有不依赖感觉的理智活动，[444] 从而以釜底抽薪的方式取消了理智灵魂的可能性，人出于本性所要追求的就是自我保存而已，在人的灵魂当中，是激情和欲望统治理性而不是相反。

有人说，不存在圣托马斯·阿奎那的政治学，在没有专门论述政治的著作的意义上，这样说是没错的。不过追随亚里士多德，圣托马斯·阿奎那把政治学看作伦理学的一个部门。[445] 施特劳斯指出，古代哲学家认为，人们除了在公民社会中并且通过公民社会，就不能达到本性的完美，因而公民社会优先于个人，首要的道德事实是义务而非权利的观点，就是由此种看法带来的。人们不可能不在断定自然权利的优先性的同时，强调个人在所有方面都先于公民社会：公民社会或主权者的一切权利都是由原本属于个人的权利派生出来的。[446] 我们知道，按照阿奎那的看法，社会是自然的，人天生就要过社会生活，这是自然法的第三条规则，而按照霍布斯的看法，社会是人为的，是为了保护自然权利通过契约建立起来的。所以在阿奎那看来，社会生活和自我保存是同等自然的，在霍布斯看来，社会生活是非自然的。

如果我们以阿奎那的灵魂观为参照，就会发现古典自然法或理性主义自然法实际上是在贬低阿奎那心目中的人，也贬低了理性。古典自然法把人的目的降低到了动物乃至一切实体的地位，理性不再是用来认识神而是为了最基本的欲望服务。而对人的理解，也就是对人的灵魂的认识。阿奎那的灵魂观是与他的天道观一致的，即"物质世界存在着天道的某种秩序，在这种秩

443　Thomas Hobbes. Leviathan[M]. London： Andrew Crooke, 1651： frontispiece.See http：//www.loc.gov/exhibits/world/images/s37.jpg

444　[英]霍布斯（黎思复等译）.利维坦[M].北京：商务印书馆，1985：5-6。

445　[意大利]托马斯·阿奎那（马清槐译）.阿奎那政治著作选[M]北京：商务印书馆 2009：3（英译本编者序言）.

446　[美]列奥·施特劳斯（彭刚译）.自然权利与历史[M].北京：三联书店：2003：187.

序之下，所有的物体都受第一物体即天体的控制。同样的，所有的物质体都受理性生物的控制，在每个人的身上，控制着身体的灵魂，而在灵魂本身以内，则是理性控制着情欲和欲望的能力。"[447]

这种灵魂与政体的对应关系是上承柏拉图和亚里士多德的，当柏拉图论证哲学王的正当性时，他把城邦比作一个放大的个人，因为在人之中，理性高于激情和欲望，所以后者应当受到前者的管理，同样在城邦中，哲学家代表着理性，而战士代表激情，平民代表欲望，他们的等级关系与灵魂的三个部分是对应的。[448]亚里士多德对这一点也是赞同的，即精神生活高于物质生活，拥有的理性的人应当统治不具有理性的人，"人类的分别若符合于身体和灵魂，或人和兽的分别"，则"根据灵魂方面的差异来确定人们主奴的区别就更加合法了"。[449]在这一点上可以说他们关于"自然正当"的看法是一致的。阿威罗伊在阐释柏拉图的《理想国》(《国家篇》)时强调："自然学已说明人是由身体和灵魂组成的；二者之间的关系是质料（matter）和形式（form）的关系；质料是为了形式，形式是为了行动或源自形式的热情。人的完善性和目的存在于行动中，而此行动必然是由灵魂而来。自然学解释了人的行动有两种：要么是人和其他自然物共有的行动，要么是单属于人的行动。……人与符合自然物（compound bodies）的共同之处，自然学认为必然是灵魂。……植物与人的共同之处是营养、生长和繁殖的灵魂。动物与人的共同之处则是感觉和运动的能力。……自然学解释，专属于人的东西显然必定是理性能力，……它也说明了这些共同的形式相对于特殊形式的等级关系是质料相对于形式的关系；人之为人只是因为其特殊形式，因为每一种存在物都是这样。因为一物之为一物只是因其特定的形式，从形式才产生了特属于该物的行动。……因此，人只有将特属于人的行动以最好最卓越的形式实现之时，才能获得其目的和幸福。那就是为什么把幸福定义为理性灵魂符合德性要求的一种活动。"[450]

思想史家沃格林认为，要分析"自然正当"或"自然正义"这种人的经验，就需要去理解什么是人的自然。如果我们不知道何谓自然，有关自然正

447 [意大利]托马斯·阿奎那（马清槐译）.阿奎那政治著作选[M]北京：商务印书馆 2009：45.

448 [古希腊]柏拉图（郭斌和等译）.理想国[M].北京：商务印书馆，1997：57,366-368.

449 [古希腊]亚里士多德（吴寿彭译）.政治学[M].北京：商务印书馆，1965：15-16.

450 [阿拉伯]阿威罗伊（勒纳 英译，刘舒中译）.阿威罗伊论《王制》[M].北京：华夏出版社，2008：85-87.

义的任何主张也都是毫无意义的。[451] 要了解亚里士多德关于自然的看法，涉及他的整个哲学，但是关于亚里士多德关于人的自然（本性）的看法，主要就是他对人的灵魂的看法。亚里士多德的灵魂说不仅是"他的自然哲学的一部分，也是他的第一哲学不可或缺的部分"，而且"与他的政治学、伦理学等实践学科密切相关，这些研究人的生存和行为的学问在某种意义上正是以灵魂说为基础的"。[452] 对柏拉图来说也是如此，"灵魂说是柏拉图的本体论、知识论乃至社会政治伦理说的重要论证依据。"[453] 对于灵魂的看法是他关于政体的看法的基石，灵魂的部分与城邦的等级，灵魂的目的与城邦的目的都存在着对应的关系。同样的，在霍布斯那里，也有这样的对应关系，因为原本等级较低的自我保存的欲望被他提高到第一原则的地位，理性则沦为自我保存的工具，可以说，如果没有理性，是不可能有构建契约组成国家的行为，但是理性不再是最高的目的，不再可以支配欲望和激情，所以，说霍布斯是近代自由主义的始祖是没有问题的[454]，因为正是他颠倒了古希腊和中世纪所公认的灵魂中自然正当的秩序，从而摧毁了古代直至中世纪关于政体的合法性的根基，城邦的目的不再是为了成就人的善德，而是众人实现自我保存的工具，现代国家不再承担引导其成员完善德性的任务。只要我们的观念还限于对国家的这种理解，国家就其作为保护个人自然权利的工具而言就无法对各种冲突的道德伦理问题作出何为"正当"的判断，因为唯一的正当早已隐伏于国家建构之基中，即保存自我。可以说，今日关于伦理问题的各种冲突的见解，正是建立于关于现代国家的这种迷思（myth）之上，而现代国家所由以建立的根基，正是对灵魂（人性）的现代式见解。通过回归到托马斯·阿奎那的自然法立场，我们可以发现近代以来自然法思想的偏颇之处，它只具有它所宣称的那种正当性，首先它是一种政治学说，并不能够成为伦理学的起点；其次它对人的自然（本性）的看法并不比中世纪或古代具有更多的正当性；最后，我们尤其应当反省的是，真正的根本的问题只有一个，即关心你自己的灵魂（认识你自己）。

---

451 徐志跃.何谓自然，什么才是正当？[J]21 世纪经济报道，2007-08-06.

452 黄颂杰 章雪富.古希腊哲学[M].北京：人民出版社，2009：295.

453 同上，141.

454 见李强.自由主义[M].长春：吉林出版社，2007：3.

结　语

　　研究托马斯·阿奎那的思想有很多困难，首先是资料方面的。由于托马斯主义是在争论和斗争中诞生的，数百年来，留下了大量的注释、反驳和辩护之作。学者指出，托马斯主义的产生，对当时教会的主流思想奥古斯丁主义是一个挑战，而托马斯为了显示教会内部的团结和对圣奥古斯丁的尊重，对于奥古斯丁主义的观点从不正面批评，而是假借分析新柏拉图主义的方式进行批驳，他在批评关于灵魂的错误观点时，指名道姓批判的是柏拉图，实际上指向的是坚持奥古斯丁主义的法兰西斯修会的保守派。[455]对于奥古斯丁本人的论述，则常常引为权威，这是阿奎那的高明之处，但这并未减少保守派的批驳，如法兰西斯派的威廉（Williemus de Marra）撰写了《订正托马斯》，托马斯主义者也不得不奋起捍卫托马斯的观点，如卡布雷斯（Caprcolus）则撰写了《辩护书》为托马斯主义辩护。法兰西斯派经院哲学家邓·司各特（Duns Scotus）和奥卡姆的威廉（Williamus De Occam）分别从意志论和唯名论角度对托马斯主义所作的批判，都是在思想史中具有重大影响的观点。[456]自托马斯主义复兴运动以来，关于托马斯·阿奎那的著作可以说是汗牛充栋，要想遍览这些资料，既有客观上难以获得的困难，也有个人语言能力和精力上的限制。更何况，在这些二手资料之前，还有大量的原著有待阅读。笔者深信，为学须有次第，认认真真读原著是严肃的学术研究的起点。

---

455 傅乐安.托马斯·阿奎那基督教哲学[M].上海：上海人民出版社，1990：120-121.
456 同上，214-218.

托马斯·阿奎那跟奥古斯丁一样，都是基督教的多产作者。他不仅自己撰写专著，还为亚里士多德著作作过大量注释，其中以《形而上学》的评注最为著名，迄今为亚里士多德的研究者所援引。他的全部论著和注释，在其身后由秘书雷吉纳特（Reginaldum de Piperno）分门别类，汇编成七十种，陆续出版，之后经罗马教廷和多米尼克修会多次修订、整理、付梓，前后共刊印四次托马斯全集。其中以第一次 1570 年的庇护版（Editio Piana）和第四次1882 年的利奥版（Editio Leonina）较为著名，尤其"利奥版"是当前托马斯研究援引的最权威版本。据统计，托马斯·阿奎那本人的著述，就有 1500 余万字，卷帙浩繁，即使只是《神学大全》这本号称基督教史上最完整的著作，也有 160 余万字。[457] 可以说，要成为一个托马斯·阿奎那专家，单只读原著就是一项极其繁重的任务。

其次是语言上的问题。托马斯·阿奎那的原著是以拉丁文写就的，而今国内能直接阅读拉丁文原著的学者并不多，大多数都是从英文译本进行研究。由英国多米尼克修会的神父们翻译的英文版《神学大全》一直被作为权威版本，《阿奎那政治著作选》依据的阿奎那原著，拉丁文是利奥版，英文就是这一版本[458]，林庆华和刘素民博士的研究依据的也是这个版本。毕竟像《神学大全》这样的巨著翻译起来是非常耗时耗力的，在已有一个比较可靠的版本之后，学界自然难有重复劳动的动力，英国多米尼克修会神父版是 1920 年出版的，2006 年由剑桥大学组织翻译的拉英对照版《神学大全》才全部完工。然而正如笔者在研究中发现的，多米尼克修会神父们集体翻译的英文版其实也存在一些问题，诸如句子的脱漏，关键概念的讹误，比如 "therefore the fomes has not the nature of sin." [459] 的 sin 应为 law，将拉丁文版 "Sed lex naturalis est una omnium hominum."（对应意大利文版为 Ma la legge naturale è unica per tutti gli uomini.）意即"自然法对所有的人都是同一的"整整一句漏译，致使上下文不可解[460]。笔者的拉丁文也只是入门级水平，直接从拉丁文原著逐字逐句校对英文版是不可能的，所以我主要依赖的还是英文版，遇到不可解之处则将意大利文版与英文版互勘，遇见词、句不一致之处才与拉丁文版核对。有

---

457 同上，10-17.

458 [意大利]托马斯·阿奎那（马清槐译）.阿奎那政治著作选[M]北京：商务印书馆 2009：39.

459 Summa Theologica,I-II,q91.6.

460 Ibid,q91,5.

时发现尽管英译本是忠实于拉丁文本的，但是反而解释不通，不如意大利文版，在这种情况下，笔者采取更为通顺的意大利文版的翻译。比如英文版将拉丁文本的 rationalis natura 忠实地翻译为 rational nature（理性的自然），而意大利文版译本为 creatura ragionevole 意为理性的被造物，按照上下文，取意大利文的译法。[461] 这是在现有条件下不得不采取的笨办法，但有它的好处，就是心中比较踏实。正是靠着这种对勘的办法和精读的功夫，笔者指出前人关于阿奎那的法的定义的理解有所误会——将其关于法的本质的定义当作人法的定义，这与翻译过程中文化差异所导致的疏忽有关，更涉及到对阿奎那的神学法学思想的整体把握。诚如学者指出，"一个人如果不了解阿奎那的自然法思想，就很难对他的神哲学体系有一个深层次的通盘理解与把握。"[462] 反过来说也是成立的，如果不对阿奎那的神哲学体系有一个基本的了解，就很难对他的自然法思想有一个深层次的通盘理解与把握。

最后是思想源流上的问题。托马斯·阿奎那思想最主要的两个源头是基督教神学和亚里士多德主义。作为无神论者，要想同情地理解神学教义本身是一件非常困难的事，刚开始阅读《神学大全》时心中常有抵触情绪，一切困难都在上帝那里轻易地解决了，一切问题的出路也都在上帝。这样的体系究竟在何种意义上能被称为哲学，这不仅仅是我个人的疑惑，西方思想史的研究者也有关于基督教哲学合法性的争论。[463] 然而随着时间的累积和阅读的增加，慢慢地体会到阿奎那思想的精妙所在，即对亚里士多德主义进行基督教的洗礼，用亚里士多德主义的方式重新为基督教教义进行辩护。正是在这种体会的基础上，笔者提出对阿奎那的研究应当以一种"内部视角"的方式进行，即首先要进入托马斯的语境，看他要做什么，以及如何达致他的目标。否则就难以体会托马斯·阿奎那的思想的精髓。

学者指出，阿奎那调和理性与信仰的论证，主要得益于亚里士多德的灵魂学说，具体而言，即理智灵魂的认识论理论。[464] 关于亚里士多德的研究，大陆地区起步较早，亚里士多德全集的翻译，更是亚里士多德研究史上具有

461　Ibid,q93,6.

462　段德智教授语，见刘素民.托马斯·阿奎那自然法思想研究[M].北京：人民出版社，2007：29（序言一）。

463　See Gilson.The Spirit of Mediaeval Philosophy[M]. Notre Dame ：University of Notre Dame Press,1991：1-19.

464　傅乐安.托马斯·阿奎那基督教哲学[M].上海：上海人民出版社，1990：33。

重要意义的事件。目前而言，在亚里士多德的诸多著作中，《形而上学》、《政治学》和《尼各马可伦理学》受到的关注较多，对《论灵魂》的研究则相对较少，即使研究，重点也在他的认识论。而笔者本文就其一得之愚而言，即在于论证阿奎那关于自然法的三条规则说是源于他对亚里士多德灵魂观的"洗礼"。学术乃天下之公器，本文的研究是在前人的基础上进行的，也期望对后来者有可资参考之处。除了这一实质性的观点之外，笔者同样看重的，是方法论上的回到原文。

据汪子嵩先生介绍，陈康先生研究亚里士多德的方法便是主张所有一切分析、论证都要以亚里士多德的著作为根据，不自作聪明，随意论断。[465]笔者以为，这一主张是具有普遍的指导意义的，对于将神学和哲学溶于一炉的阿奎那来说，坚持这一原则更为必要。如若不然，难免指驴为马，厚诬古人甚至贻误今人。研究阿奎那自然法思想的学者常常称引阿奎那的名句"专制君主的法律，因其并非出自理性，故而不是法律，毋宁说是法律的堕落或滥用（perversion of law）"[466]，而实际上这句话在阿奎那的原文中只是一个铺垫，他的结论最终是，专制君主的法律在某种程度上还是具有法律的本质的（so far as it is something in the nature of law），因为它的目的是让公民保持良好，尽管这良好是就有助于具体的统治状态而言。阿奎那说，在这个意义上，善可以存在于一切就其自身而言是坏的事物中。[467] 如果不曾读过原著的普通读者，只看学者们引用的这前半句，所获得的对阿奎那的印象跟他的真实面貌将会有多大的反差？这样的例子在阿奎那法律思想研究中不止一例，所以重提陈康先生的主张是非常有现实意义的。笔者在研究阿奎那自然法思想的过程中，也是尽力按照这一标准要求自己的，奈何资质鲁钝，学养不足，最终完成的论文离自己最初设定的目标相差甚远。

在学术成为一种体制化的事业的今天，我们总是要面对这样的问题，你的研究有什么贡献？尽管笔者深深赞同亚里士多德的说法，即合于理智的生活乃是最高尚的生活，沉思本身给人带来的快乐即是目的，因其不作为其它目的的手段而言它是最高贵的，但这不足以面对理论意义、实用价值或创新性等追问。幸或不幸，这个时代已经替我作出了回答，刚刚开审的南京副教

---

465 陈康、苗力田与亚里士多德哲学研究——兼论西方哲学的研究方法和翻译方法[J].
　　中国人民大学学报 2001.4
466 Summa Theologica I-II,q92,1.
467 Ibid.

授换偶案所引发的争论迫使我们面对一个自由主义的问题：只要不影响他人，就有为所欲为的自由么？学者李银河之前以"惩罚换偶 世界罕见"为题在其博客上表达了自己的观点，[468] 认为"惩罚换偶的法律不仅伤害了当事人的基本权利，而且是冒天下之大不韪"，考虑到李银河博士之前关于同性婚姻合法化（一夫一偶制）的呼吁，这"天下之大不韪"只能为激进的自由主义所不容而已，自由是第一原则，只要不妨碍他人，个体有选择自己生活方式的自由。但是这样一种自由会将我们带向何处？诚如甘阳先生所提出的挑战性的问题"究竟有没有'自然的权利'，如果没有'自然的权利'，那么什么都可以成为人的权利，例如今后如果儿子要和妈妈结婚，父亲与女儿做爱，甚或人与猪狗做爱结婚，是不是也应该都是'宪法权利'，因为都是他们的个人自由，并没有妨碍他人，完全可以符合自由主义原则的。"[469]我对李银河博士坚持自由主义立场之彻底一向持欣赏态度，相对于所谓保守主义者而言，这需要更多的勇气，我也一直好奇按照自由主义的逻辑推导下去，至少成年人之间自愿的乱伦行为也不应受法律惩罚，李银河博士为换偶制所作的辩护对其同样有效，按照这种彻底的自由主义的立场，一夫一妻制并不比一夫多妻或同性婚姻有更多的正当性，换言之，自由主义能对道德作判断么？我认为是不可能的，而在这样的时代氛围之中，我们将如何教育下一代，如何劝说他们去过我们认为是好的生活，或禁止他们去尝试我们认为是邪恶的方式。在自由主义的语境中，我们是失语的。一个彻底的（激进的）自由主义者是无所畏惧的，任何既有的伦理道德风俗在自由面前都是无根的。

有鉴于此，要在伦理学的角度对自由主义进行批判，必须回到自由主义的源头，霍布斯被视为自由主义的奠基人，他的第一条自然法就是自我保存，从这一自然法得出了同样内容的自然权利，政府不过是保护这一自然权利的机构，可以说古代关于理智应节制欲望的自然正当被他颠覆了，唯一的自然正当就是自我保存的欲望，要对这一思潮作出批判和回应，托马斯·阿奎那提供了一个很有力的立场。以柏拉图和亚里士多德为代表的古代的自然正当思想，认为理智节制欲望和激情是符合灵魂的自然/本性的，他们都没有提出自己的自然法学说，但他们的政治学是从属于他们的伦理学的，最好的政体就是能够让理智统治欲望和激情的政体，阿奎那的自然法学说继承了这一立

468 http://blog.sina.com.cn/liyinhe，2010 年 4 月 3 日。

469 甘阳.与友人论美国宪政书，现代政治与自然[M]上海：上海三联书店，2003：460.

场，理性灵魂作为人的规定性，要求人的欲望应当服从理智的指导。但是霍布斯对阿奎那自然法的改造或者歪曲就在于他把这个秩序颠倒了，人的规定性就是自我保存，理智成为激情和欲望的工具，政府成了自我保存的工具，也就是说，现代的政治学是建立在施特劳斯所谓"低俗但稳固"的基础上[470]，甘阳先生说现代性的最大悖论是"现代性最初是要把人提到神的地位，结果却是把人降低到了动物的地位"。[471] 笔者无力对现代性这样的宏大话题作出自己的回应，只想指出，在伦理道德问题上我们之所以在自由主义的话语面前失语，有一个为我们所忽略的关键问题，即在古代，伦理学和政治学是同构的，政治学追求的是伦理学所规定的善，但是在近代，与其说政治学是独立于伦理学的，不如说政治学是低于伦理学的，政治学的基础是较低的善，用亚里士多德或阿奎那的术语来说，是以"植物灵魂"（理性灵魂的营养功能）（"动物灵魂"还追求异性的结合以及养育后代）为根基的城邦，所以在这样的语境中，同性婚姻也好，其它行为也罢，都是合法（自由主义）的，但是阿奎那提醒我们，"人法允许（permit）某些事情，并不代表赞成（approve）它们，而是表示无力指导它们。很多事情只能由神法来指导，人法是无能为力的。那些人法无法处理的事皆由神法来管理。"[472] 我们绝不能不加批判地将政治学的第一原则等同于伦理学的第一原则，这种同构只在古代的语境中有效，如果我们将这种同构不加反思地套用于近代以来的政治学和伦理学，就会出现伦理学在自由主义面前失语的问题。法律所允许的事情并不意味着就是善的，站在阿奎那的立场，这法律所维护的是人类不受理性节制的欲望，就其并非出自理性而言，"毋宁说是法律的堕落或滥用（perversion of law）"[473]。我们绝不可将近代政治学关于自然权利的学说当作关于人的本性的最完善的定义，在此有必要重提亚里士多德的教导"我们绝不可拿那些处于腐坏状态而丧失本性的人作为例子……他们既丧失自然本性，身体就统治着灵魂"，[474] 人之为人，就要关心"灵魂的善"，节制欲望，认识真理，这是理智的任务，也是阿奎那的自然法的第三条命令。阿奎那提醒我们：与动物不同，

---

470 [美]列奥·施特劳斯（彭刚译）.自然权利与历史[M].北京：三联书店：2003：33（甘阳序言）。

471 同上。

472 Summa Theologica,I-II,q93,3.

473 Ibid,q92,1.

474 [古希腊]亚里士多德（吴寿彭译）.政治学[M].北京：商务印书馆，1965：14.

人拥有理性的武器，可以用来抑制卑鄙欲念和残暴行为，也能用来满足其激情和本能。[475]

475　这句话有不同的翻译，有学者译为人具有动物所没有的理性的武器，能够去除（get rid of）性欲和残忍。See Summa Theologiae English & Latin（Volume28 Law and political theory）[M]Cambridge,New York：

Cambridge University Press,2006：103. 马清槐先生也是采取这样的译法，即"人和其他动物不同，他拥有可以用来抑制卑鄙欲念和残暴行为的理性这一武器"。见[意大利]托马斯·阿奎那（马清槐译）.阿奎那政治著作选[M]北京：商务印书馆 2009：119.而意大利文版则采取跟英国多米尼克修会神父版相同的解释，即人能够运用理性武器去满足他的淫欲和残忍。See Summa Theologica,I-II,q95,2.这里涉及到对原文的辨识，如果认为原文是"Expellendas"（expellere），则对应英文为 expel，作"驱逐，开除"解，如果认为原文是"explendas"（explendere），则对应英文为 satisfy，只能作"满足"解。剑桥版的译者认为此处作"去除"解更说得通。See Summa Theologiae English & Latin（Volume28 Law and political theory）[M].Cambridge,New York：Cambridge University Press,2006：103.

参考文献

[1] Thomas Aquinas.Summa Theologica[M] translated by Fathers of the English Dominican Province,Westminster, Maryland: Christian Classics, 1981.

[2] Thomas Aquinas.Summa Theologiae English & Latin [M]Cambridge,New York: Cambridge University Press,2006.

[3] Thomas Aquinas.Summa Theologica[M]traduzione e commento a cura deidomenicani italiani,edizioni studio domenicano della provincia domenicana utriusque lombardiae. Stampa Grafiche San Ruffillo - Bologna,1985

[4] Thomas Aquinas.Summa contra Gentiles[M] translated by Fathers of the English Dominican Province,Westminster, Maryland: Christian Classics, 1981.

[5] Giancarlo Movia.Aristotele L'anima[M].Milano: Bompiani,2001.

[6] SilvioRaffo.Platone L'anima[M].Milano: Arnoldo Mondadori Editore,2006.

[7] Alfred Läpple. Storia della Chiesa: Il cammino di Cristo attraverso i secoli[M]. Torino: Editrice Elledici,1991.

[8] Thomas Aquinas.A Commentary on Aristotle's De anima[M]translated by Robert Pasnau,New Haven: Yale University Press,1999.

[9] Ross D.Aristotle, De anima[M].Oxford,Oxford University Press,1961.

[10] A.P.Bos.The Soul and Its Instrumental Body: A Reinterpretation of Aristotle's Philosophy of Living Nature[M]Leiden: Brill Academic Publishers,2003.

[11] Jan Bremmer.The early Greek concept of the soul[M].Princeton: Princeton University Press,1983.

[12] A.S.Mcgrade.The Cambridge Companion to Medieval Philosophy [M] Cambridge: Cambridge University Press，2003.

[13] John Marenbon.Medieval Philosophy: Vol.3（Routledge History of Philosophy）[M]. New York:Routledge,1998.

[14] Gilson.The Christian Philosophy of St.Thomas Aquinas[M].New York: Random House,1956.

[15] [意大利]托马斯·阿奎那（马清槐译）.阿奎那政治著作选[M]北京：商务印书馆，2009.

[16] [古希腊]柏拉图（王晓朝译）.柏拉图全集 [M].北京：人民出版社， 2003（第一卷为2002）.

[17] [古希腊]亚里士多德（秦典华译）.亚里士多德全集（第三卷）[M].北京：中国人民大学出版社，1992.

[18] [古希腊]亚里士多德（廖申白译）.尼各马可伦理学[M].北京：商务印书馆，2003.

[19] [古希腊]亚里士多德（苗力田译）.尼各马科伦理学[M].北京：中国人民大学出版社，2003.

[20] [古希腊]亚里士多德（苗力田译）.形而上学[M].北京：中国人民大学出版社，2003.

[21] [古希腊]亚里士多德（吴寿彭译）.政治学[M]北京：商务印书馆，1965.

[22] [古希腊]亚里士多德（吴寿彭译）.形而上学[M].北京：商务印书馆，1997.

[23] [古希腊]亚里士多德（吴寿彭译）.灵魂论及其他[M].北京：商务印书馆，1999.

[24] [古罗马]西塞罗（王焕生译）.论共和国论法律[M].北京：中国政法大学出版社，1997.

[25] [古罗马]优士丁尼（徐国栋译）.法学阶梯[M].北京：中国政法大学出版社，1999.

[26] [法]吉尔松（沈清松译）:中世纪哲学精神[M].台湾：商务印书馆，2001.

[27] [德]海因里希·罗门（姚中秋译）.自然法的观念史和哲学[M].上海：上海三联书店，2007.

[28] [意大利]登特列夫（李日章等译）.自然法：法律哲学导论[M].北京：新星出版社，2008：6.

[29] [美]威廉·巴雷特（段德智译）.非理性的人[M].上海：上海译文出版社，2007.

[30] [美]施特劳斯（彭刚译）.自然权利与历史[M].北京：三联书店，2003.

[31] [美]沃格林（叶颖译）.政治观念史稿•卷二[M].上海：华东师范大学出版社，2009.

[32] [美]A.麦金太尔（宋继杰译）.追寻美德：伦理理论研究[M].南京：译林出版社，2003.

[33] [美]乔治·桑塔亚那（华明译）.诗与哲学：三位哲学诗人卢克莱修、但丁及歌德[M].桂林：广西师范大学出版社，2002.

[34] [美]余英时（侯旭东等译）.东汉生死观 [M].上海：上海古籍出版社，2005.

[35] [英]约翰·菲尼斯（董娇娇等译）.自然法与自然权利[M].北京：中国政法大学出版社，2006.

[36] [英]肯尼（黄勇译）.阿奎那[M].北京：中国社会科学出版社，1987.

[37] [英]英格利斯（刘中民译）阿奎那[M].北京：中华书局，2002.

[38] [英]柯林伍德（吴国盛等译）.自然的观念[M].北京：华夏出版社，1999.

[39] [阿拉伯]阿威罗伊（勒纳 英译，刘舒 译）.阿威罗伊论《王制》[M].北京：华夏出版社，2008.

[40] 钱穆.灵魂与心[M].桂林：广西师范大学出版社，2004.

[41] 傅斯年.性命古训辩证[M].桂林：广西师范大学出版社，2006.

[42] 傅乐安.托马斯·阿奎那基督教哲学[M].上海：上海人民出版社，1990.

[43] 傅乐安.《托马斯·阿奎那传[M].石家庄：河北人民出版社，1997.

[44] 傅乐安.中世纪哲学研究[M].上海：上海人民出版社，1985.

[45] 江作舟、靳凤山.士林哲学的集大成者阿奎那[M].合肥：安徽人民出版社，2001.

[46] 赵敦华.基督教哲学 1500 年[M].北京：人民出版社，1994.

[47] 唐逸.理性与信仰[M].桂林：广西师范大学出版社，2005.

[48] 汪子嵩等.希腊哲学史（第一卷）[M].北京：人民出版社，1997.

[49] 杨适.古希腊哲学探本[M].北京：商务印书馆，2003.

[50] 黄颂杰 章雪富.古希腊哲学[M].北京：人民出版社，2009.

[51] 沙宗平.伊斯兰哲学[M].北京：中国社会科学出版社，1995.

[52] 林庆华.托马斯·阿奎那基督教自然法理论研究[D].上海：复旦大学,2002：5.

[53] 徐卫翔.超越现代：马利坦对现代世界的批判[M].上海：同济大学出版社，2004.

[54] 徐弢.托马斯·阿奎那的灵魂学说探究[M].上海：上海人民出版社，2007.

[55] 刘素民.托马斯·阿奎那自然法思想研究[M].北京：人民出版社，2007.

[56] 翟志宏.阿奎那自然神学思想研究[M].北京：人民出版社，2007.